著作得到以下项目资助：

教育生态学视域下的大学英语课堂教学模式研究
2013年度全国高校外语教学科研项目（豫-0024-A）

教育生态学视域下大学英语课堂教学模式的构建
河南省教育厅人文社科重点项目（2014-zd-050）

跨文化视野下的英汉翻译教学研究

安晓宇　著

中国水利水电出版社
www.waterpub.com.cn

内 容 提 要

本书以跨文化视角为出发点对英汉翻译教学进行研究,既阐述了翻译、交际、跨文化交际等相关理论,同时对跨文化交际与英汉翻译教学进行了有机的融合,又对不同文化的翻译教学进行了全面探究,如自然、植物、动物、数字、颜色、修辞、习语、人名、地名、服饰、饮食、居住等文化的翻译教学。本书一方面可以对英语翻译教师的教学提供指导,另一方面可以作为翻译研究者进行研究的参照。

图书在版编目（ＣＩＰ）数据

跨文化视野下的英汉翻译教学研究 / 安晓宇著. --
北京 : 中国水利水电出版社，2015.6（2022.9重印）
ISBN 978-7-5170-3362-2

Ⅰ．①跨… Ⅱ．①安… Ⅲ．①英语－翻译－教学研究
Ⅳ．①H315.9

中国版本图书馆CIP数据核字(2015)第156008号

策划编辑:杨庆川　责任编辑:陈　洁　封面设计:马静静

书　　　名	跨文化视野下的英汉翻译教学研究
作　　　者	安晓宇　著
出版发行	中国水利水电出版社
	（北京市海淀区玉渊潭南路 1 号 D 座 100038）
	网址:www.waterpub.com.cn
	E-mail:mchannel@263.net(万水)
	sales@mwr.gov.cn
	电话:(010)68545888(营销中心)、82562819（万水）
经　　　售	北京科水图书销售有限公司
	电话:(010)63202643、68545874
	全国各地新华书店和相关出版物销售网点
排　　　版	北京厚诚则铭印刷科技有限公司
印　　　刷	天津光之彩印刷有限公司
规　　　格	170mm×240mm　16 开本　13.25 印张　172 千字
版　　　次	2015年11月第1版　2022年9月第2次印刷
印　　　数	2001-3001册
定　　　价	42.00 元

前　　言

　　翻译是跨语言、跨文化的交际活动,因此它与文化有着紧密的联系。随着全球化时代的日益成熟,跨文化交际活动已经成了无处不在的现象。不论在科技发达的西方国家,还是在有着古老文化底蕴的东方世界,甚至在人迹罕至的原始部落或极地雪域,跨文化交际活动正随着人类的脚步走向世界的各个角落。跨文化交际与英汉翻译有着密切的联系,没有跨文化交际的需要,也就没有翻译的产生;反过来,如果没有翻译这一语言沟通的媒介,跨文化交际活动也就无从说起。因此,掌握跨文化视野下的翻译方法对每一个交际者来说都是一个值得思考的问题。基于此,笔者精心策划并撰写了《跨文化视野下的英汉翻译教学研究》一书。

　　本书共有六章。第一章主要就翻译、翻译的标准与过程、翻译对译者的要求展开了论述,目的是使读者对相关的理论知识有深刻、全面的了解,并为其跨文化翻译教学活动的展开奠定基础。第二章和第三章分别对文化、交际、跨文化交际与翻译、跨文化交际与英汉翻译教学的关系等做了系统的阐述,为更好地理清跨文化与翻译的关系做了铺垫。第四章到第六章是本书的重点,对不同文化的翻译教学做了细致的研究,共涉及 12 种文化的翻译教学:自然文化翻译教学、植物文化翻译教学、动物文化翻译教学、数字文化翻译教学、颜色文化翻译教学、修辞文化翻译教学、习语文化翻译教学、人名文化翻译教学、地名文化翻译教学、服饰文化翻译教学、饮食文化翻译教学和居住文化翻译教学。

　　本书具有内容丰富、针对性强、讲解全面的特点。读者既可以了解英汉文化方面的问题,又能将所形成的跨文化差异意识应用到翻译实践中,达到学以致用的目的。相信本书对从事跨文化英汉翻译教学研究的教育工作者和其他各界人士都具有很强的实用参考价值。

在本书的写作过程中,作者参阅了大量与中西方文化差异、翻译教学相关的文献与资料,同时借鉴了很多相关专家与学者的观点,谨向他们表示谢意。

由于作者水平有限,时间仓促,书中难免有疏漏和不妥之处,恳请同行专家和读者批评指正。

作 者

2015 年 5 月

目　　录

前言

第一章　翻译概述 ……………………………………………… 1
　　第一节　翻译 …………………………………………………… 1
　　第二节　翻译的标准与过程 …………………………………… 8
　　第三节　翻译对译者的要求 …………………………………… 24

第二章　文化·交际·跨文化交际 ……………………………… 29
　　第一节　文化 …………………………………………………… 29
　　第二节　交际 …………………………………………………… 45
　　第三节　跨文化交际与翻译 …………………………………… 48

第三章　跨文化交际与英汉翻译教学 ………………………… 53
　　第一节　文化差异对翻译教学的影响 ………………………… 53
　　第二节　文化翻译的原则与策略 ……………………………… 57
　　第三节　英汉翻译的基本技巧 ………………………………… 62
　　第四节　文化差异对英汉翻译教学的启示 …………………… 90

第四章　自然、植物、动物、数字和颜色文化翻译教学 ……… 99
　　第一节　自然文化翻译教学 …………………………………… 99
　　第二节　植物文化翻译教学 …………………………………… 106
　　第三节　动物文化翻译教学 …………………………………… 110
　　第四节　数字文化翻译教学 …………………………………… 114
　　第五节　颜色文化翻译教学 …………………………………… 121

第五章 修辞和习语文化翻译教学 …………………………… 128

第一节 修辞文化翻译教学 …………………………… 128

第二节 习语文化翻译教学 …………………………… 149

第六章 人名、地名、服饰、饮食和居住文化翻译教学 ……… 163

第一节 人名文化翻译教学 …………………………… 163

第二节 地名文化翻译教学 …………………………… 171

第三节 服饰文化翻译教学 …………………………… 181

第四节 饮食文化翻译教学 …………………………… 187

第五节 居住文化翻译教学 …………………………… 200

参考文献 …………………………………………… 203

第一章　翻译概述

当今时代,中国文化与文学不断向国外涌出的过程中,翻译成了有效地推进它们走向世界的一个主要途径。本章就对翻译的相关问题进行讨论,首先阐述什么是翻译,然后讨论翻译的标准与过程,最后介绍翻译对译者的要求。

第一节　翻译

一、国内外学者对翻译的解释

从翻译活动诞生之日起,国内外诸多专家学者就试图为翻译下一个较为完整、准确的定义。然而,一直以来人们对于翻译的定义都见仁见智,各个翻译研究流派分别从不同角度、不同层面提出了自己的见解。下面就来介绍中西方及重要文献对翻译的解释。

(一)中国学者对翻译的解释

东汉时期著名的文学家、语言学家许慎在《说文解字》中对"翻"和"译"两个字的解释如下:

翻:飞也。从羽,番声。或从飞。

译:传译四夷之言者。从言,罩声。

现代汉语的解释大致为"'翻'意为飞,形声字,羽为形符,番为声符;'译'指翻译,即将一种语言文字翻译成另一种语言文字的人。形声字,言为形符,罩为声符。"

唐代儒家学者、经学家贾公彦在《义疏》提出"译即易,谓换易言语使相解也。"现代汉语对这句话的解释为:翻译是将一种语言文字转换成另一种语言文字,但并不改变其所蕴含的意义。

现代著名作家茅盾认为,文学翻译就是用一种语言将原作的艺术意境准确地传达出来,使读者在阅读译文时跟本族语者阅读本族文化一样,能得到很大的启发,并会受到同样的感动与美的享受。

翻译家张培基先生指出,翻译即用一种语言把另一种语言所表达的思维内容,准确且完整地重新复述出来的活动。

张今、张宁(2005)认为,翻译是两个语言社会(language-community)之间的交际过程和交际工具,其目的是要促进本语言社会的政治、经济和文化进步,它的任务是要把原作中包含的现实世界的逻辑映像或艺术映像,完好无损地从一种语言移注到另一种语言中去。简单地说,翻译是一种跨语言、跨社会的特殊文化活动。

(二)外国学者对翻译的解释

英国著名语言学家和翻译理论家卡特福德(J. C. Catford,1965)认为,翻译即用一种等值的语言(译语)的文本材料替换另外一种语言的文本材料。他还提出,翻译有两种存在的状态,一种是源语即译出语,另一种是目标语即译入语。

美国翻译理论家劳伦斯·韦努提(Lawrence Venuti,1982)指出,翻译是译者依靠解释所提供的目的语中的能指链替代构成源语文本的能指链的过程。韦努提一反传统的"对等"角度的定义,否定了结构主义所信奉的所指与能指或自荐的对应关系,认为能指和所指是可以分裂的,符号与意义之间是不一致的,所以文本意义存在不确定性。在韦努提看来,翻译只是用一种表层结构代替另一种表层结构。

著名学者杜波斯(Dubois)认为,翻译是指用第二种语言(目的语)传达第一种语言(源语)语言所涵盖的东西,并能尽量保持它们在语义和语体上的等值。

费道罗夫(Fedorov)指出,翻译即用一种语言将另一种语言在内容与形式不可分割的统一中所业已表达出来的东西准确且完整地再现出来。

巴尔胡达罗夫(C. Barkhudarov)认为,翻译是将一种语言的言语产物,在保证意义不变的情况下,改变为另一种语言产物的过程。

综上所述可知,"翻译就是译者想方设法地将第一种语言所传递的信息用第二种语言表达出来的跨文化交际行为。"①简而言之,翻译是以源语为出发点,在译语中的再创造。由此可见,翻译既是一门科学,又是一门艺术。翻译的科学性体现在它有着自己的理论体系和规律,符合一定的标准。同时,翻译也是一门艺术,虽然在翻译过程中受各种因素的影响,但对翻译的创造性并没有影响。另外还应注意的是,翻译学科是一门跨学科的综合性学科,它与语言学、社会语言学、语义学、语用学、文体学、跨文化交际、心理学等有着不可分割的关系,并将在未来的发展过程中更加趋于具体化、全面化。

二、不同视角下翻译的分类

对于翻译的分类问题,一般可以根据不同的方式和标准为其做不同的分类。下面是一些较为典型的翻译分类。

(一)卡特福德对翻译的分类

英国著名语言学家、翻译理论家卡特福德从翻译的层次、范围和等级等角度对翻译做了如下分类。

(1)根据翻译的层次,即语法、词汇、语音、词形等,将翻译分

---

① 武锐.翻译理论探索[M].南京:东南大学出版社,2010:3.

为以下两种。

①完全翻译(total translation),是指源语的语法和词汇被等值的译语的语法和词汇所替换。

②有限翻译(restricted translation),是指源语的文本材料仅仅在某一个层次上被另一个具有等值的译语的文本材料替换掉。

(2)根据翻译的范围,可以将翻译分为如下两种。

①全文翻译(full translation),是指源语文本的每一部分都要用译语文本的材料来替代的翻译。

②部分翻译(partial translation),是指源语文本的某一部分或某些部分是未翻译的,只需把它们简单移植到译语文本中即可。需要注意的是,部分翻译并非节译,而是某些词因为各种原因不可译或不译,只能将其原封不动地搬入译文。

(3)根据语言的等级,即词素、词、短语或意群、分句或句子,可以将翻译分为逐词翻译(word-for-word translation)、直译(literal translation)和意译(free translation)。

最早提出逐词翻译这一说法的是古罗马翻译家西塞罗和荷马,尽管一些学者认为其等同于直译,但多数学者都将其视为直译的一种极端的形式,它是用目的语的词语逐个替换原语文本中的每一个词,而不必考虑词序等句法因素。在语言学上,卡特福德将逐词翻译定义为单词层面上发生的级限翻译(rank-bound translation),包含一些词素与词素的等值对应。

对于直译与意译的解释,一直都是学者们争论的焦点。在语言学上,巴尔胡达罗夫(Barkhudarov,1969)对直译的解释为:a translation made on a level lower than is sufficient to convey the content unchanged while observing TL norms。卡特福德(1965)的解释为:literal translation takes word-for-word translation as its starting point,although because of the necessity of conforming to TL grammar,the final TT may also display group-group or clause-clause equivalence。纳博科夫(Nabokov,1964/1975)的描述为:rendering,as closely as the associative and syntactical capacities of another language allow,the exact contextual meaning of the original,并声称只有这种策略才能被称为"真正的翻译"。奈达(Eugene Nida)则直接将直译称作"形式对等"(formal equivalence)。

意译又称"意义—意义的翻译"(sense-for-sense translation),是指更注重目标文本阅读的顺畅自然而轻源语文本的词法的一种翻译,它与直译和词—词翻译相对应。卡特福德(1965)认为,意译不应该受到语法层级的限制。此后,一些学者提出了二元对立的翻译理论,如奈达(1964)的动态对等(dynamic equivalence)和形式对等(formal equivalence);霍斯(House,1977)的隐性翻译(covert translation)和显性翻译(overt translation);顾特(Gutt,1991)的直接翻译(direct translation)和间接翻译(indirect translation)等。直到今天,人们普遍认为,直译和意译不是一对二元对立的翻译策略,最佳的翻译策略取决于翻译的文本类型与翻译目的。

(二)罗曼·雅各布逊对翻译的分类

美国语言学家、翻译理论家罗曼·雅各布逊(Roman Jakobson,1959)认为,翻译是用另一种语言解释原文的语言符号。他在《论翻译的语言学问题》(*On Linguistic Aspects of Translation*)一文中,从语言学和符号学的角度,将翻译分为三类:语内翻译(intralingual translation)、语际翻译(interlingual translation)和符际翻译(intersemiotic translation)。

(1)语内翻译,即用同一语言的另一符号来阐释其言语符号。也就是说,语内翻译是同一语言间不同语言变体的翻译,如把用古英语写的《贝奥武甫》译成现代英语,把用古汉语写的《史记》译成现代汉语,用现代汉语去翻译用古壮字记录的《壮族嘹歌》,把黑话、行话译成普通语言等。①

---

① 郝丽萍,李红丽,白树勤.实用英汉翻译理论与实践[M].北京:机械工业出版社,2006:5.

（2）语际翻译,即运用另外一门语言的符号来阐释言语符号。也就是说,语际翻译是一种语言的符号与另一种语言的符号之间的口头或笔头的转换,如英译汉、汉译英等。语际翻译是人们通常所指的真正意义上的翻译,也可以说是狭义的翻译。语际翻译更多关注异质语言之间的转换,即它是以交流为目的、以意义为标尺的语言之间的转换。

从某种意义上来说,语际翻译是对原文符号在另一种文化中的解读,原文本中所有的符号都置身于一个宏观的文化背景,或称非语言符号体系之中。要实现语际翻译层面的对等,就要对处于源语文化中的符号在目的语文化中进行正确的解读与传译。从符号学层面上说,一个语言符号的指示意义由三种意义共同构成:语义意义、句法意义和语用意义(柯平,2001)。而如何正确地传达出这三种意义便是完成语际翻译的重点所在。例如:

His criticisms were enough to make anyone see red.

他那些批评任谁都得火冒三丈。

子曰:"学而不思则罔,思而不学则殆。"

Confucius said,"Reading without thinking results in bewilderment;thinking without reading results in peril."

（3）符际翻译,即运用非言语符号系统来阐释言语符号。也就是说,符际翻译是语言与非语言符号或非语言符号间的翻译。语言与手势语间的翻译、英语与计算机代码间的翻译、数学符号、美术符号、音乐符号、手势语与旗语间的翻译等都属于符际翻译。例如:

$S=vt$,即路程等于速度乘以时间。

以上三种翻译几乎涉及了一切语言的交际活动,也打破了翻译的传统框架,开阔了人们对翻译认识的视野。从此,翻译步入崭新的发展阶段。

（三）其他学者对翻译的分类

在卡特福德、雅各布逊等翻译家的基础上，之后学者们纷纷尝试从其他角度对翻译进行更为详细的分类。

（1）人工翻译与机器翻译。其中，人工翻译还可以细分为笔译与口译。机器翻译是现代智能科学和现代对比语言学相结合的产物，可望在某些领域代替人工翻译。

（2）语义翻译与交际翻译。所谓语义翻译，即译入语语义和句法结构允许的条件下，准确地再现原作上下文的意义。所谓交际翻译，即翻译时特别注重译文对译文读者所产生的效果，尽可能地获得原作对原文读者所产生的那种最佳效果。

（3）全译、摘译和编译。

（4）文学翻译与实用翻译。文学翻译具体指诗歌、戏剧、小说等文学作品的翻译，其注重的是对原文内容和修辞特征的准确表达。而实用翻译则主要包括商务、科技、公文等资料的翻译，其更加注重对原文实际内容的传达。

（5）归化翻译与异化翻译。所谓归化翻译，是指将在源语文化语境中自然适宜的成分翻译成为在译入语言文化语境中自然适宜的成分，从而使译入读者马上理解。所谓异化翻译，是指直接按照源语文化语境的适宜性翻译。归根结底，归化翻译就是我们通常所说的意译，而异化翻译就是我们通常所说的直译。

（6）编译、译述、移植、摘译、缩译、择配。

①编译，即将所需的资料编选、翻译过来，通常不需要带有译者的观点，所译材料可以是一种，也可以是多种，多用于对实用性文体的翻译中。

②译述，即将翻译与创作有机地结合起来的翻译。例如，对文学作品进行译述时，可以适当增加或删减一些情节，体裁也可以做不同的更改。例如，将小说翻译成戏剧。

③移植，它是一种极为自由的翻译方式，除了可以适当增加或删减情节、改动体裁之外，还可以将外国的人物、场景等直接搬

到本国文化中。

④摘译,即翻译与摘录的有效结合,它是一种非常简约的翻译方式。简单地说,摘译即先摘再译,所选择的对象是非完整文本,可能是书中的一节,也可能是文中的一段。

⑤缩译,即翻译与缩写的有效结合,与编译十分类似,但其要求原材料仅能是一种。

⑥择配,即翻译与配曲、配音等的有机结合。例如,在翻译歌词时需要配上曲调,在翻译脚本时可能还要考虑口型。

第二节　翻译的标准与过程

一、翻译的标准

关于翻译的标准,《译学词典》指出:"翻译标准指翻译活动必须遵循的准则,是衡量译文质量的尺度,是翻译工作者不断努力以期达到的目标。"(方梦之,2004)可见,明确翻译的标准是开展翻译活动的关键。

中外翻译家、翻译学者分别从不同视角对翻译的标准做了不同的阐述,下面就介绍一些对中外翻译影响较大的标准。

(一)对中国翻译影响较大的翻译标准

1. 信、达、雅

严复在其《〈天演论〉译例言》(1898)中提出了"信、达、雅"的三个标准:"译事三难:信、达、雅。求其信,已大难矣! 顾信矣,不达,虽译,犹不译也,则达尚焉。……译文取明深义,故词句之间,时有所颠倒附益,不斤斤于字比句次,而意义则不倍本文。假令仿此(西文句法)为译,则恐必不可通,则删削取径,又恐意义有漏。此在译者将全文神理,融会于心,则下笔抒词,自善互备。至原文词理本深,难于共喻,则当前后引衬,以显其意。凡此经营,皆以为达;为达即所以为信也。《易》曰:'修辞立诚'。子曰:'辞达而已'。又曰:'言之无文,行之不远'。三者乃文章正轨,亦即为译事楷模。故信、达而外,求其尔雅。"

"信",即译文必须抓住全文的要旨,而词句在不失去原意的情况下,可以做适当的颠倒或增删。在真实的翻译中,为读者准确传达原作的内容。译文需要完整而准确地表达原作的内容,不允许有任何篡改、歪曲、遗漏或任意增添的现象。

"达",也是翻译过程中必须考虑的一个问题。只信而不达,译了也等于没译;只有做到达,才真正能实现信。要做到达,译者要先认真通读全文,做到融会贯通,然后再展开翻译。为了更好地表达原意,译者可以在词、句两个方面做适当的调整和改动。在真实的翻译中,译文应尽量运用读者常见的表达方式。译文语言应通俗易懂,避免出现文理不通、结构混乱、逻辑不清的现象。

此外,严复还指出,"译文要雅,否则没有人看。'雅'是指'古雅',要采用汉代以前使用的文言文。"在真实的翻译中,现代翻译学家赋予了"雅"新的含义,要求译文具有美学价值,译文的风格要尽量体现原文的风格。

总之,严复的"信、达、雅"翻译标准,引起了翻译界诸多人士的广泛关注和评论,对我国翻译发展产生了巨大影响。

2. 神似论

"神似论"是由现代翻译家、学者傅雷在《高老头》译序中提出的,即以效果论,翻译应该像临画一样,追求的是神似而非形似。事实上,翻译比临画难很多。因为临画与原画,至少其是素材相同的,法则也是相同的。然而,译作与原作、文字,是完全不同的,且各种文字又各有特色,有着各自不可模拟的优点,也有着各自无法补救的缺陷,且有着不能侵犯的戒律。要传神达意,铢悉两称,自非死抓字典,按照原文句法拼凑堆砌所能济事的。

3. 化境论

钱钟书在《林纾的翻译》中提出了"化境论"的翻译标准。他认为,"化"是文学翻译的最高标准。在将文学作品从一国文字转换成另一国文字时,不会因语言习惯的差异暴露出牵强的痕迹,且又能完全保存原有的风味,那就达到了化境。此外,"好的译文应当仿佛是原文作者的译入语写作。"可见,与"神似"相比,"化境"是更高一层的翻译标准,也可以说是翻译的最高标准。

4. 信顺说

鲁迅提出了"信顺"兼顾的翻译标准。他在《且介亭文二集》中指出,"凡是翻译,必须兼顾两面,一当然力求其易解,一则保持原作的丰姿。"当时出现了过分意译而"牛头不对马嘴"的胡译、乱译现象,对此,他提出了"宁信而不顺"的原则。他还提出,既然是对异国语言文化的翻译,翻译就要有异国情调,就是所谓的洋气。

5. 忠实、通顺、美

"忠实、通顺、美"的标准是林语堂在其《论翻译》中提出的。实际上,"忠实、通顺、美"的标准继承并拓展了严复的标准,用"美的标准"代替了严复"雅"的标准。林语堂认为,译者除了要求达义,还要使译文必须忠实于原文之字神句气与言外之意,以达到传神的目的。

6. 翻译标准多元互补论

"翻译标准多元互补论"是由辜正坤教授于 1989 年提出的。他提出,翻译标准多元互补论是一个由若干个具体标准组成的相辅相成的标准系统,它们有着各自的功能。此外,辜正坤还指出,翻译标准不是一元的,而是多元的。具体来说,翻译标准能分成抽象标准与具体标准两大类,二者关系密切、互相制约、互为补充,并形成一个有机系统。其理论的要点包括:①翻译标准是多元的;②多元标准是互补的;③具体标准又可分为主标准(也称"可变主标准")和次标准;④翻译标准是一个有机的然而变动不居的标准系统。最佳近似度是这个系统中的最高标准,[①]该标准其实形同虚设,那些具体标准才真正具有实际意义。

(二)对国外翻译影响较大的翻译标准

1. 翻译三原则

英国学者、翻译理论家泰特勒(Alexander Fraser Tytler)在其《翻译的原则》(*Essay on the Principles of Translation*,1791)一书中提出了"翻译三原则",具体内容如下。[②]

(1)译文应使原作的思想内容得到完整的再现。

(2)译文要在风格、笔调上与原文保持一致。

(3)译文读起来应该像原文那样流畅、自然。

泰特勒主张译文与原文在思想、风格、笔调、行文等方面的一致,而不是只强调原文的语言特点。只有做到了忠于原文的内容、文风以及表达的情况下,才能使译文在内容、神韵和形式上与原文保持一致。泰特勒的翻译三原则对当前的翻译实践依然意义重大,这三个原则也普遍被国内外翻译界看作翻译的基本原则。

2. 文本中心论

英国著名翻译理论家、翻译教育家纽马克提出了"文本中心论"。他将要翻译的对象视为文本,并根据语言的功能将文本分为以下三类。

(1)表达型文本,如文学作品、信件等。

(2)信息型文本,如论文、报告等。

---

① 何江波.英汉翻译理论与实践教程[M].长沙:湖南大学出版社,2010:12.

② 杨贤玉.英汉翻译概论[M].武汉:中国地质大学出版社,2010:18-19.

（3）呼唤型文本,如说明书、宣传品等。

纽马克认为,不同的文本类型,使用的翻译方法也要有所不同。

3.读者反应

"读者反应"这一标准是由著名翻译家、翻译理论家奈达提出来的。奈达将译文读者的反应作为翻译的重点,并认为要将译文读者对译文的反应和原文读者对原文可能产生的反应进行比较。奈达还指出,"翻译的实质即对信息进行再现。"即应以译文的服务对象作为判断译作是否译得正确的标准。"衡量翻译质量的标准,不仅在于所译的词语能否被译文译者所理解,句子是否合乎语法的规范,关键是看整个译文能使读者做出什么反应。"所以,奈达提倡译出多种译文,以供读者选择,并检验译文是否明白易懂,所以一个好的译者总是要考虑将同一句话或一段文章用不同的翻译方法译出。

读者因素被首次纳入到翻译标准中,其对翻译标准研究产生了巨大影响。

4.确切翻译

苏联翻译理论家费道罗夫(1953)提出了"确切翻译"的标准,他认为翻译的确切性是指"表达原文思想内容的完全准确和在修饰作用上与原文的完全一致"。费道罗夫认为,对于一切翻译工作者来说共通的原则有下面两个。

（1）翻译的首要任务就是尽可能地使不懂原文的读者(或听者)了解原作(或讲话)的内容。

（2）翻译即用一种语言将另一种语言在内容与形式不可分割的统一中业已表达出来的东西准确、完整地表达出来。

费道罗夫是第一个从语言学角度来系统研究翻译理论的学者,他坚持认为译文与原文之间完全可以确立确切对等的关系。

总之,关于翻译标准的提法很多,可谓是仁者见仁,智者见智,但这些标准都在一定程度上带有时代局限性。

目前,"忠实"、"通顺"是我国最认同的两个标准。其中,"忠实"是最重要的原则,指译文不仅忠实原作的内容,同时还要尽量与原作的形式与风格保持一致,译者应忠实而确切地传达作者的思想;而"通顺"则要求译文与原文一样流畅、自然,译文必须用明白晓畅的现代语言,文理通顺、结构合理、逻辑关系清晰,没有语言晦涩的现象。

忠实与通顺是密不可分的,二者缺一不可。只做到忠实而不通顺,说明读者还是不懂,也就谈不上忠实;只做到通顺而没有忠于原文,那么也就失去了原作风格和内容,即使通顺也是毫无意义可言的。因此,译者必须先对原作有透彻的理解,并用译语将所理解的东西确切地表达出来。翻译应该在忠实于原作内容的前提下,努力做到译文形式的通顺,而且也要在译文通顺的前提下,尽量忠于原作的形式。

二、翻译的过程

翻译的过程包括理解、分层、表达、校改四个阶段。下面就对翻译的各个阶段做具体分析。

(一)理解阶段

理解是展开翻译活动的第一步,具体来说,正确且透彻地理解原文,是译文恰当表达原文的先决条件。对原文的理解一般要从以下几个方面入手。

1.对语言现象的理解

语言现象主要涉及理解词汇含义、句法结构、修辞手段、惯用法等。

(1)词汇含义

英语中存在很多一词多义的现象,同一个词在不同的语言环

境下通常具有不同的意义。所以,译者在翻译时不仅要注意词的一般意义,还要注意词在具体语境中的引申含义。例如:

Sometimes you might think the machine we worship make all chief appointments, promoting the human beings who seem closest to them.

有时你可能认为,一切重要的官职都是由我们所崇拜的当权人物任命的,他们提拔那些似乎与他们最亲近的人。

如果将原文中的 machine 理解为"机器",译文会令人难懂且不符合逻辑。因为句中的代词 them 指代 machine,这就说明 machine 一词在句中是一个集合名词,而根据句中的动词 make,promoting 引导的分词短语这一具体的语境,说明 machine 一词在这里是有生命和思想的,意为"核心人物"或"当权人物"。

The houses were built of dry stone with stone slabs for furniture, all very well preserved.

房子由干石头建成,以石板为家具,一切保存完好。

究竟什么是"干石头"? 通过查阅字典可以知道,它在建筑领域中是指"用石头干砌而成",即无浆砌成的石墙。照直翻译成"干石头",岂不叫人伤透脑筋!

(2)句法结构

英汉两种语言属于不同的语系,汉语属于汉藏语系,英语则属于印欧语系,且英汉两个民族在思维方式上也不同,这就导致英汉句子结构存在很大的差异。在表达同一个意思时,英语和汉语有时会采用不同的句法结构。因此,在翻译时,译者需要认真理解原文中的句法结构,并进行仔细分析。例如:

There was no living in the island.

那岛不能居住。

要想正确翻译原文,需要准确理解英语中句型"there is no…＋动名词"的意思,这一句型实际上相当于"we cannot＋动词原形"或"it is impossible to do…"。因此,原文如果译为"那岛上无生物"就是错误的。

I hope he will soon get over it.

我希望他很快就会忘掉这件事。

I hope he will soon get it over.

我希望他很快就会结束这件事。

to get over something 指"经过某一不愉快经历后恢复常态"或"克服"。to get it over 中的 over 是个副词,表示"结束、了却一件事"。

(3)修辞手段

修辞是语言美化的重要手段,修辞的运用离不开具体的语境,也离不开语言自身的语音、语法和词汇特点。理解修辞手段也是正确表达的重要前提。例如:

It would be a fine thing indeed not knowing what time it was in the morning.

要是早晨不知道时间那才"妙"呢。

原文所涉及的故事是一个油漆工担心早晨不能按时起床,上班迟到会被解雇。因此,fine 在这里是使用了反语的修辞手段,实际意义为"糟",故译文"妙"应加上引号。

2.对逻辑关系的理解

从某种程度上讲,翻译就是一种逻辑思维活动。汉语句子强调意合,句子中各个意群、成分一般是通过内在的联系贯穿起来的。至于内在的主从或并列须由读者自己去体会。从句子的整体上看,意思很清楚。而英语句子注重形合,句子中各个意群、成分的结合及其相互关系主要依靠的是连接词和介词等。因此,翻

译时,必须首先从逻辑上弄清楚句中各部分在意义上的关系,然后再按照目的语的语法规范和表达方式加以处理。例如:

The materials are excellent for use where the value of work pieces is not so high.

如果零件值不高,最好使用这种材料。

根据逻辑关系,此句中的 where 应该引导的是一个表示"条件"的状语,故转译为表示"条件"的状语。

3.对文化背景知识的理解

从某种程度上说,翻译还是两种文化之间的转换,这是因为语言本身就是文化的重要组成部分,语言受其所处的文化的影响。因此,译者在翻译过程中不仅要正确地理解原文的语言现象和逻辑关系,而且要充分地理解原文中所涉及的文化背景知识,对两种文化之间的转换进行巧妙的处理,尽量做到译文与原文的"意义等值"。例如:

South African leopard-spot policy came under fierce black fire…

南非实行的"豹斑"式的种族隔离政策受到了黑人的猛烈抨击……

原例中的 leopard-spot(豹斑)一词,最早出现在 20 世纪 60 年代中期。当时,越南人民在战区后方建立了很多小块根据地,美国军方为了应对战争,在军事地图上用"豹斑"状标记出来该区域。此后,"豹斑"这一军事术语又成了政治术语,指的是白人种族主义者把黑人强行驱入若干小块地区居住的种族隔离政策。

(二)分层阶段

分层阶段与理解阶段是相辅相成的,这里主要就纽马克(1998)的观点,从文本层次、自然层次、黏着层次和所指层次来说明分层对翻译的重要性。

　1.文本层次

　　文本层次早在古代中国和希腊就有论述,主要是阐述文学文本中言、意、象之间的关系。现象学家英加顿(R. Ingarden)将文学作品的构成要素分为字面层、词和句的意义单元层、客体的图式化观象层、被再现客体层、形而上学性质层五个层次。这五层要素逐层深入,彼此沟通,互为条件,最早成为一个有机的统一体。在我国,以童庆炳的"三分法"最具代表性,其把文学作品的构成概括为:文学话语层、文学形象层、文学意蕴层。这样的划分大大丰富与细化了传统意义上对文学作品"理解"的层次和内涵,为翻译与翻译研究打下了一定的基础。

　　以上仅仅是对文本内的层次划分。由埃文-佐哈(Itamar Even-zohar)的"多元系统"理论可知,翻译现象并非孤立的文本翻译行为,其还会受到其他系统和因素的影响,即文本外因素的影响,如赞助人、意识形态、诗学等。因为在翻译过程中,如果语言层面的考虑与意识形态或诗学层面的考虑相冲突,做后胜利的还是意识形态或诗学,语言的考虑让位于后者。

　　此外,德国功能语言学家莱斯(Reiss)根据文本的功能,将文本划分为三种类型:信息型、表达型和祈使型。基于此,纽马克(Newmark)从体裁角度出发,对不同文本的归类问题做了阐述。具体来说,自传文学、官方文告、严肃文学作品和私人书信等均属于"表达型文本";科技、自然科学、工商经济方面的读本、报告、文件、报刊、备忘录、会议记录等属于"信息型文本";而将通告、说明书、公共宣传、通俗作品等纳入"呼唤型文本"。纽马克还明确地指出,"语义翻译"适用于"表达型文本","交际翻译"用于"信息型文本"和"功能型文本"。但在实际的操作中,很少有文本只有一种功能,多数文本都是以一种功能为主,其他功能辅助的。因此,译者需要先确定一种文本的主要功能,或在同一文本不同部分确定每一部分的语言功能,然后有针对性地使用相应的翻译策略和

手法,或用"语义翻译"贴近原文,或用"交际翻译"顾及译文读者,注重译文的效果。[①] 例如:

In the old days, Beijing was hot on rhetoric but cool toward everything else.

译文 1:在过去的日子里,北京在言辞上是热的,而对其他一切事情却是冷的。

译文 2:过去,北京总是言辞激烈却处事冷静。

译文 1 紧贴了原文的语义结构,结果却词不达意,严重偏离了原文的思想内容。译文 2 摆脱原文字面的束缚,灵活变通,按译文的习惯突出表达原文的实质内容。

2. 自然层次

一些初学翻译的人经常会翻译出很别扭的译文,其除了与译者自身的文字功底有关以外,还可能是因为其太拘泥原文,选词用字照抄词典,忽视上下文是否合适,过于拘泥原文的句子结构,如词序等。这就涉及自然层次的问题,所谓自然层次是对译文行文的基本标准。通常来讲,所有类型的文本,译文都必须自然流畅,符合译入语的习惯。例如:

It takes five minutes to get there on foot.

原文:需要 5 分钟才能步行到那儿。

改译:步行到那儿需要 5 分钟。

原文中 it 是形式主语,真正的主语是不定式短语;而汉语中是没有形式主语的。故完全按照原文的词序翻译,把不定式放在句末是不符合汉语的行文习惯的。

---

① 贾文波. 应用翻译功能论[M]. 北京:中国对外翻译出版公司,2004:53—57.

3. 黏着层次

所谓黏着,即语篇中句子之间的衔接。而黏着层次则是指在段落、语篇的层面上对原文的忠实。段落、语篇的衔接方式其实反映了本族语说话者独特的思维方式。因此,译者在翻译过程中不可盲目地完全照搬原文的衔接方式,而应该在理解原文的基础上,使用地道的译入语的衔接方式组织译文。在翻译实践过程中,一些句子的译文看似正确、通顺,但若将所有句子整合在一起构成一个段落时,其意义却非常不通。因此,译者要想保证译文的通顺,应该在明确两种语言的语篇差别的基础上,做好句子的"衔接"工作,使其从整体上看也是连贯、通顺的。例如:

The English arrived in North America with hopes of duplicating the exploits of the Spanish in South America, where explorers had discovered immense fortunes in gold and silver. Although Spain and England shared a pronounced lust for wealth, differences between the two cultures were profound.

原译:英国人抱着和西班牙人开拓南美洲一样的动机来到北美洲,西班牙的探险者在南美洲发现了大批金银财宝。虽然西班牙和英国都同样明显地贪图财富,但是两国的文化却存在着很大的差异。

改译:当年西班牙探险者在南美洲发现了大批金银财宝。英国人来到北美洲的动机也如出一辙。尽管两国对财富的贪欲同样强烈,但是两国在文化上却存在着巨大的差异。

该段落共包含两个完整的句子。其中,第一个句子还包括一个定语从句,原译将其置于主句后,最终使两个句子衔接得很别扭,使整个段落支离破碎。而改译按照汉语的表达习惯,将这个定语从句译为汉语后放在主语之前,最终使整个段落看起来通顺、连贯。

4.所指层次

所指层次即译者对原文所指意义的把握。翻译不是在真空中发生的文本转换,原文句子结构模糊、语义不清是时有发生的。在具体的翻译过程中,译者应该透过文字的表象,抓住文字的本质,并用译入语将其准确地表达出来。此时,基于英汉语言之间的差异,译入语的文字与原文之间就可能存在一定的距离。例如:

A:You alone here?

B:I'm saving myself for you.

原译:A:你一个人?

B:我在为你救我自己。

改译:A:你一个人?

B:我在等你呀。

该例原文是一部电影中的桥段:舞会上,一位男子一个人坐在那里看别人跳舞,此时过来一个女士问道:"You alone here?"(你怎么没有舞伴?)男子机智地答道:"I'm saving myself for you."由该语境可以推断,save 这一动词与"救"毫无关系,因为他没有遇到任何危险。该男子的真正意图其实是"省下来",即"我(把自己省下来)不和别人跳舞是为了和你跳"。当然,由于汉语中没有可以表达这一意思的词,所以只能退而求其次,采用幽默的语气将其想法表达出来。

(三)表达阶段

1.处理好内容与形式的关系

内容与形式始终都是翻译和翻译研究的重要话题之一,不论我国古代的"文、质"说,近代的"信、达、雅"说到现代的"神似"、"化境"论,还是西方翻译学家泰特勒的"翻译三原则"到奈达的

"功能对等"理论，几乎都是围绕译文中有效地转译出原文的内容与形式来展开论述的。应该说，有所语篇都是内容与形式的统一体。内容的表达需要借助一定的形式，特定的形式往往表达特定的内容。因此，要想忠于原文，译者既要善于移植原文的内容，又要善于保存其原有的形式，力求形神具备。形式一般包括作品的体裁、结构安排、形象塑造、修辞手法等，译文应尽可能将这些形式表现出来，借助"形似"更充分地表达原文的内容。例如：

Henry Kissinger had slept there before, in July and again in October.

译文 1：在此之前，亨利·基辛格曾经两度在这里下榻，一次是七月，另一次是十月。

译文 2：这之前，亨利·基辛格在七月和十月两次在这里过夜。

译文 3：七月和十月，亨利·基辛格曾经两次在这里睡觉。

该例中的 Henry Kissinger 指美国前国务卿，原文语体风格比较正式。因此，在翻译时不仅要准确传达语义，同时也要将语体风格表现出来。三种译文实际上都比较好地传达了原文的语义，表达也都通顺自然，但在表达形式方面却存在一定差异。译文 1 语体风格比较正式，如"两度"、"下榻"；译文 2 语体风格居于正式与口语之间，如"两次"、"过夜"；译文 3 则倾向于口语体，如"两次"、"睡觉"。总体来看，译文 1 形神兼备，充分表达了原文的内容和形式，语言风格也更加忠实于原文。

2. 处理好直译和意译的关系

直译和意义是翻译中的两种不同方法，以"直译为主"还是"意译为主"也是译界长期争论不休的问题。

（1）直译

直译即在译文语言条件允许的情况下，既保持原文的思想内容，又保持原文的语言形式的翻译方法。原文语言形式包括词

序、语序、修辞方法等。① 但是,直译并非死译或硬译。例如:

A month ago he was a man of men. Today he seemed truly touched by divine spirit, which spiritualized and elevated him.

一个月前,他是个凡夫俗子。今天,他似乎真正得到了圣灵的点化,使他超凡入圣了。

本句中"圣灵的点化"是 touched by divine spirit 的直译,既不失原意,又合乎汉语规范,以为汉语读者所理解。

Hitler was armed to the teeth when he launched the Second World War, but in a few years, he was completely defeated.

希特勒在发动第二次世界大战时是武装到牙齿的,可是不过几年,就被彻底击败了。

armed to the teeth 是一个习语,用在原文中形象且生动。从中国彻底解放之后,armed to the teeth 就被直译为"武装到牙齿",已经成了习惯。如果译者将其意译为"全副武装",其语气会显得很弱,不足以表达原文的思想。

(2)意译

所谓意译,是指根据原文大意来翻译,不进行逐字逐句的翻译。也就是说,意译强调的是"神似"而不注重原作的形式,译文可以不拘泥于原文在词序、语序、语法结构等方面的形式,自然流畅既可。但要注意,意译不是任意乱译,不得随意删改内容,添枝加叶。例如:

A woman without a man is like a fish without a bicycle.

女人用不着男人,就像鱼用不着自行车一样。

_____

① 杨贤玉.英汉翻译概论[M].武汉:中国地质大学出版社,2010:21—22.

采用意译法,改变了 without 短语作定语的形式,但却能使原文的含义在译文中一目了然。

(四)校改阶段

再细心的译者也难免出现漏洞,经验再丰富的译者也无法做到一挥而就、一字不易。可见,校改也是翻译过程中不可忽视的一个环节。校改其实是对原文内容的再一次核实,以及对译文语言进一步的推敲和完善。因此,校并非简单地改错,译者必须认真对待这一环节。校改阶段主要要完成两个工作:其一,核对译文是否精确,其二,核对译文是否自然、简练。具体来说,校改时应该注意下面几个细节问题。

(1)校核译文在人名、地名、日期、方位、数字等方面有无错漏,标点符号的使用是否正确。

(2)校核译文的段、句或重要的词有无错漏。

(3)检查成语以及其他固化的表达结构,包括各种修辞手法和修辞习惯等方面有无错漏。

(4)确保译文中没有冷僻罕见的词汇或陈腔滥调。

(5)检查译文的逻辑关系是否清晰。

(6)检查译文的风格是否与原文的风格一致。

通常,译文需要校改两遍以上。第一遍主要校核内容,第二遍重点对译文进行润饰。这里的润饰主要指去掉初稿中的斧凿痕迹。最简单的做法是,先抛开原文,以地道的目的语的标准去检查和衡量译文,并对其加以修改和润饰。如果时间还很充足,可以对已经校核两遍的译文对照着读一遍,做最后一次检查、修改,确保没有遗留任何未解决的问题。① 此外,如果条件允许,最好请他人来挑错,译者本人会受自身思维定式的影响,往往会忽略一些错误。译者还可以在校改完之后将译文放置几天,之后再拿出来看时或许也会发现一些之前没有发觉的问题。

———————————

① 　张培基.英汉翻译教程[M].上海:上海外语教育出版社,2009:15.

第三节　翻译对译者的要求

一、扎实的语言基础

翻译考查的是译者对两种语言的掌控能力与驾驭能力。因此,译者具备扎实的语言基础非常必要。译者对语言的驾驭能力主要体现在以下两个方面。

（一）译者的理解能力

由于英汉语言之间的差异性,所以有很多因素会干扰者译者的理解能力,如词汇量、语法结构以及利用语境确定语义气等。翻译不仅仅是对字面意思的传达,还要根据语境把握其真正的意义。

例如,在《汉英词典》上可以查出"打"的英文表达是 hit,strike,beat,而下面的"打"字却对应着不同的英文表达。

打字 to typewrite

打的 to take a taxi

打水 to get some water

打铁 to forge iron

打毛衣 to knit

打篮球 to play basketball

打井 to dig a well

同样,如英语中的 black 在字典上的解释为"黑色的",而在不同的搭配中有不同的汉语表达。

black despair 绝望

black tea 红茶

in a black mood 情绪低落

a black stranger 完全陌生的人

Here the captured comrades were jammed together like sardines.

译文1：这里被俘的同志像沙丁鱼一样被驱赶在一起。

译文2：上尉同志在这儿被挤得像个沙丁鱼。

以上两种译文的错误都是由于译者的外语水平不够扎实所导致。译文1系译者不认识 jam 所致；译文2系译者误将 capture 看作了 captain 所致。

（二）译者的表达能力

翻译并不是要求译者用自己的思想和话语对原文进行再创造，而是要用原作者的思维将其观点移入到译入语中。因此，翻译对译者的表达能力提出了很大的挑战。它要求译者能够熟知源语与译入语之间在语音、词汇、句法、修辞和使用习惯上的差异，力求使译文的表达通顺流畅。例如：

There's no pot so ugly it can't find a lid.

译文1：没有丑到配不上一个盖子的罐子。

译文2：罐儿再丑，配个盖子不发愁。（姑娘无论多么丑也能配个汉子。）

译文1显得平板滞重；而译文2则更加意韵合拍、风趣隽永，简直是妙笔佳句。可见，如果译者没有扎实的语言基础，翻译质量也就得不到保证。

二、熟练运用翻译技巧

要想做好翻译工作，熟练运用各种翻译技巧和策略是非常必要的。要熟练运用翻译技巧,译者需要做如下两个方面的努力。

(一)系统地学习翻译理论知识

掌握系统的理论知识是进行翻译的前提和基础。因此,译者要注重对翻译理论知识的学习,在学习中系统分析和总结相关的翻译技巧与策略。

例如,各种文本的翻译策略和技巧:探讨如何翻译科技文本、文学文本、新闻文本、公文文本等具有不同风格和功能的文本;语言层面的翻译技巧:词语、句子、篇章的翻译技巧;文化层面的处理方法:归化、异化的应用。

(二)加强理论联系实际的能力

实际上,翻译是对译者理论联系实际能力的考验。其需要译者用正确的理论指导翻译实践,多学习一些翻译名家的范文,经常进行实践,坚持在翻译实践中学习翻译理论,不断总结经验,在翻译实践中不断完善和发展翻译理论。

但是,我们既要反对不要理论指导的盲目实践,也要反对脱离翻译实践的空洞理论。只有将理论学习和翻译实践有机地结合在一起,才能不断提高对翻译的认识水平,才能把握规律,以顺利地完成翻译任务。

三、具有广泛的知识面

译者要掌握一定的专业知识以及丰富的文化知识。只有知识面足够广博,才能深刻地理解原文,也才能确保翻译的质量。同时在平时的工作和生活当中,译者还需要对不同方面的知识进行了解和关注。

(一)具备一定的专业知识

俗话说"隔行如隔山",特别是专业性很强的文件,如科技文体、法律文件、经济合同等。如果不熟悉所译文章所涉及的专业，就不能正确理解原文的全部意义，翻译也就无从谈起。如果经常涉及某个专业领域的翻译，译者最好能够学习一些该专业的基础知识。例如：

Liabilities or creditor's equity are the obligations or debts the firm must pay in money or service at some time in the future.

负债即债权人权益是企业在将来的某一时间必须用货币或劳务来抵偿的义务或债务。（涉及会计、金融知识）

The documents will be presented to you against your acceptance of the draft in the usual way.

贵方按惯例承兑汇票后，方可获取相关单证。（涉及外贸知识）

（二）掌握相关的文化知识

一位合格的译者应该多了解本国和英语国家的历史、地理、政治、军事、外交、经济、风土人情、文化传统等方面的文化知识。这样才能达到文化沟通的目的，也不至于在一些文化内容的翻译上出差错。例如：

After lunching in the basement of the Medical School, Philip went back to his rooms. It was Saturday afternoon, and the landlady was cleaning the stairs.

在医学院地下室吃过饭后，菲利普回到自己的寓所。那是一个星期六的下午，女房东正在打扫楼梯。

在英国，常有人把房屋分间出租供人住宿，出租房屋的人就被称为 landlord 或 landlady。如果不了解相关的背景知识，很容易把此例中的 landlady 误译为"女地主"。

四、积极认真的工作态度

在翻译中的工作态度指的是译者在译文时所持有的翻译精神。译者在翻译过程中的态度对译文的好坏有着直接的影响,因为译者的任何疏忽和倦怠都会影响译文的质量。

例如,曾经有一家香港某报在报道一则消息时,因为是通讯社所发出的消息,全是用大写字母传送打印出来的,所以译者将其中的 Turkey Dinner 译成了"土耳其大餐",因为稍微有点常识的人都知道是"火鸡大餐",这种错误就源于译者的粗心大意。仅因译者的疏忽就会对新闻乃至其公司产生极大的影响。因此,译者在翻译过程中一定要保持积极认真的态度。

第二章　文化·交际·跨文化交际

　　"文化"一词在当今社会已经渗透到了每一个角落。尽管文化一直都是以最平常的方式呈现在人类社会中,但其负载的内涵与信息却异常丰富多长,值得学者们对其加以关注和研究。另外,学习任何一门语言都是为了更好地交际,可能是同文化之间的交际,也可能是跨文化之间的交际。本章就对文化、交际、跨文化交际的基本概念以及跨文化交际与翻译进行详细探究。

第一节　文化

一、文化的定义与分类

(一)文化的定义

　　culture(文化)一词来源于 cultura,原义指耕作、培育、栽培,之后逐渐演变为人的素质和能力的培养与教化。近代,最先将culture 一词翻译成"文化"的是日本人。因此,有人猜想汉语中的"文化"一词其实并非中国古籍中所说的与武功相对而言的含义,而是借用日语中对英文单词 culture 的意译文。然而,这一说法目前尚未被证实。

　　在《牛津简明词典》(*Concise Oxford Dictionary*)认为,文化是"艺术或其他人类共同的智慧结晶"。该定义是从智力产物的角度阐释文化内涵,即深度文化,如文学、艺术、政治等。

《美国传统词典》(*American Heritage Dictionary*)指出,"人类文化是通过社会传导的行为方式、艺术、信仰、风俗以及人类工作和思想的所有其他产物的整体。"该定义拓宽了文化的包含范围,既包括深层次文化,又包括浅层次文化,如风俗、传统、行为、习惯等。此外,英国人类学家爱德华·泰勒(Edward Tylor)在《原始文化》(*Primitive Culture*)中指出:"文化是一个复杂的综合体,包括知识、艺术、宗教、神话、法律、风俗,以及人类在社会活动里所得一切的能力与习惯。"很多学者认为这一定义忽略了文化在物质方面的要素,也有一些学者认为,泰勒的定义中虽然没有专门体现物质文化,然而实际上他在《原始文化》中大量使用了很多物质文化的例子来解释他的理论观点。

美国学者阿尔弗雷德·路易斯·克鲁伯(Alfred Louis Kroeber)与克莱德·克拉克洪(Clyde Klukhohn)在两人合著的《文化:关于概念和定义的评述》中总结出了 164 条文化的定义。他们在总结了这些定义的基础上,也提出了自己对文化定义:文化存在于各种内隐和外显的模式之中,借助于符号的运用得以学习与传播,并构成人类群体的特殊成就,这些成就包括他们制造物品的各种具体式样。文化的基本要素是传统思想观念和价值,其中尤以价值最为重要。该定义几乎涵盖了人类生活的各个方面。文化能够指导人们对待其他事物的态度和行为,以至于克莱德·克拉克洪认为文化是人们行为的蓝图。

在中国,古老的甲骨文中就已经出现了"文化"一词的含义。当时的"文"的原意是指花纹或纹理,如《礼记·乐记》中记载的"五色成文而不乱",之后它的含义逐渐演变为包括语言文字在内的各种象征符号,并且逐步具象化,包含文物典籍、礼乐制度、文采装饰、人文修养等内容;"化"本义是指生成、造化,如《易·系辞下》的记载"男女构精,万物化生",继而引申为变化、教化之义。"文"、"化"两字最早同时出现于战国末期的《易·贲卦·象传》:"关乎天文,以察时变;观乎人文,以化成天下。"翻译为现代文是指:"治国者应该积极观察、洞悉并顺应大自然最根本的运行规律,来了解并正确运用时节运转中产生的必然变化的原理;研究人性变化发展的必然规律,施加意识教化的作用来统治管理天下。"我国的经典古辞典《辞源》中对"文化"的释义为"文治和教化"。例如,西汉经学家、目录学家、文学家刘向《说苑·指武》中记载:"圣人之治天下,先文德而后武力。凡武之兴,为不服也,文化不改,然后加诛。"意思是:明君治理天下,都会优先重视思想精神层面的教育,后考虑武力干涉。不愿臣服的地方,都要动用武力进行干预,思想教化没有改观的地方,要实行诛杀策略来彻底根除统治隐患。再如,晋代束广微的《补亡诗·由仪》中记载:"文化内辑,武功外悠。"唐朝李善注:"言以文化辑和于内,用武德加于外远也。"

《现代汉语词典》指出,"文化指在人类社会历史发展过程中所创造的物质财富和精神财富的总和。"

广义文化就是所谓的"大文化",它更强注重区分人类活动与自然界的核心本质,包含着人类有意识地作用于自然界和人类社会的一切活动及产生的结果。也可以说,文化就是"人造自然",是人类通过发挥自身主观能动性,把自己的智慧、创造性、感情等人类因素作用于自然界的活动,从而将自然转化为人类所能认知、理解和一定程度上进行掌控的可利用对象。人造自然的出现意味着人类已经进入尝试凌驾于自然之上,并超越自然、改造自然的历史阶段。所以,文化可以被看作是人类的一种特有的生活方式和行为习惯。进而也可以说,人类社会的一切活动在本质上都是具有文化的属性的。概括而言,文化就是人类在社会活动中认识自然、改造自然并利用自然,进而实现自身价值观念的过程中的一切物质和精神的积累。例如,文学、艺术、教育、科学、生活方式、饮食习惯、建筑工艺、卫生管理、娱乐方式、婚姻形式、亲属关系、家庭财产分配、劳动管理、生产、道德、风俗习惯、宗教、法律、政治、警察、军队、行为举止、交际礼仪、思维方式、审美情趣、价值观念等。而与此相对,狭义文化的范围明显缩小,它是专指人类活动中在精神方面进行的创造过程和产生的相应成果。例如,道德、风俗和礼仪等内容。

(二)文化的分类

1.主流文化与亚文化

所谓主流文化,是指一个国家、一个民族或一个语言群体所共享的主流文化特征。在同一个文化体系内部可能存在各种各样的文化部分。以中国的饮食文化为例,其可以细分为粤菜、鲁菜、川菜等。每种菜系均有自己的特点,但是它们又统一在中华美食这一大文化之下。一提到东北人,人们总会下意识地想到他们粗犷、豪放的性格,但是一想到上海人,人们则会立即想到他们的精明、细致。56个民族各具特色,这就组成了中华的民族文化,如果我们将中华文化这一大体系称为"主流文化"的话,那么各民族、各地区的文化就属于"亚文化"。从交际角度看,主流文化是人们日常生活和交际中起主导作用的文化,是同一文化群体共同认可和共同遵循的行为规范、生活方式、交际规则、思维方式和价值观念。在中外跨文化交际中,中国的主流文化是全中国人民共同遵循的,即使是在对外交往场合中也要求的那些言谈举止和交际规则。

亚文化又称"次文化"或者"副文化",是指不同社会团体、不同地区、不同职业、不同民族、不同文化层次,甚至不同年龄段的人群特有的文化特征。亚文化既具有主流文化的基本共性,又有其独特的个性。人类的亚文化个性主要体现在言谈举止、行为方式、生活习性、交际规则,甚至思维方式等各方面。例如,青年文化与老年文化之间,男性文化与女性文化之间,城市文化与农村文化之间,土家族文化与白族文化之间,大陆人与港台人之间,本土人与海外华侨、华人之间,甚至不同的专业团体与行业组织之间,均存在不同程度的差异。

2.外显文化与内隐文化

1952年,美国学者克鲁伯和克拉克洪提出了外显文化与内隐文化的概念。其中,外显文化与人们的生活息息相关,如衣食住行、社交活动、宗教礼仪、语言交际、文体活动等,它是可以直接感受到的文化现象。相反,内隐文化则是一种肉眼看不到的文化,其与人们的习惯性行为相融合,是在语言行为背后所隐藏的价值体系和思想观念。由于内隐文化的独特性,一些学者提出,如果要真正了解一个民族文化的本质,就要研究该民族的内隐文化。[①]

另外,20 世纪 50 年代,霍尔(Hall)在《无声的语言》(*Silent Language*,1952)通过"冰山理论"(the iceberg theory)对文化进行了解释:" … the most important part of culture is completely hidden;and what can be seen is as the cliché has it,'just the tip of the iceberg'."之后,布雷克(Brake,1995)对"冰山理论"做了进一步的扩展,并指出,显露出来"文化冰山"仅是非常小的一部分,如法律、风俗、礼仪、手势、穿着、饮食、打招呼以及说再见等;而隐藏在"海面"下的大部分是人类的日常交际行为,这是文化的最强大的组成部分,即"价值观"。换句话说,内隐文化的实质即注重探究为什么人会出现各种各样的想法、行动、语言、表现等,而不仅仅是关注具体文化背景下的人们的想法、言语行为、实际行动。这就表明,内隐文化侧重的不是行为方式本身,而是侧重于决定这种行为方法的内在原因。这种内在原因即人类的思维模式、世界观以及由其衍生出来的认知体系。

二、文化的特点

概括来说,文化的特征主要有六种:民族性、符号性、兼容性、整合性、传承性和宗教性。

(一)民族性

就文化的产生和存在来说,文化原本就是民族的。因为人类

---

① 陈俊森,樊葳葳,钟华.跨文化交际与外语教育[M].武汉:华中科技大学出版社,2006:1-2.

的文化总体上来看就是由各民族文化共同来构成的,从不同民族的角度出发来分析文化,其自然就具有民族性。民族是一种社会共同体,所以越是古老的社会,其文化的民族性就越明显。斯大林认为,"一个民族,一定要有共同的地域,共同的经济,共同的语言及表现共同心理的共同文化。"这里的"共同地域、共同经济、共同语言、共同心理"均属于重要的文化元素。每一个民族都有能够体现本民族特色的文化。例如,新疆维吾尔族能歌善舞,蒙古族善骑马射箭等。中华民族是以汉民族为主体的多民族共同体,共同的文化正是使 56 个民族统一为一个民族——中华民族的原因。

众所周知,民族区域生态环境的不同,造成了文化积累以及传播方式的不同,由此也在一定程度上影响了社会和经济生活的发展,从而形成了民族文化鲜明的"特异性"。这里以犹太民族和希腊民族为例,这两个民族对宗教的态度就存在较大差异。犹太民族认为,上帝支配着宇宙万物和人类社会,尽管人类的智慧是无穷无尽的,但也无法摆脱神的威力。在犹太人心中,上帝是终极的原因和万能的神。这种思想从一开始就占据了犹太人的内心世界,进而慢慢演变成为一种根深蒂固的文化心理。与此相反,希望民族在人与神的关系这一问题上追求着一种理想与现实的统一,即人与神的和谐统一,这与中国道家"天地与我并生,万物与我为一"的思想如出一辙。若将犹太民族的《圣经》与希腊民族的神话进行比较,将很容易地发现犹太民族唯上帝旨意是从,绝不会有丝毫的怀疑与违背。相反,希腊人具有现世的享乐精神,他们认为人的爱就是神的爱,人的精神就是神的精神。这就导致犹太人孤独、执着而希腊人活泼、开放的个性特征。

(二)符号性

文化不是与生俱来的,而是在人们不断地习得与传授中积累下来的。以语言为例,语言是文化的构成要素之一,语言的符号性特征最为明显。语言中不同的语音、形态等语言要素体现了符号的任意性特征,如汉语中的"猫",其英文是 cat,法语是 chat,德语是 Katze,俄语是 Koska。

人本身就是一种"符号的动物",符号化的思维和符号化的行为是人类生活中最富有代表性的特征。人类创造了文化世界,更为自己创造了一个"符号的宇宙"。在文化创造中,人类不断把对世界的认识、对事物和现象的意义及价值的理解转化为一定的具体可感的形式或行为方式,从而使这些特定的形式或行为方式产生一定的象征意义,构成文化符号,成为人们生活中必须遵循的习俗或法则。人们既创造了这些习俗和法则,同时又必须自觉受这些习俗和法则的制约。人类创造的文化符号可以大体分为两类:语言符号和非言语符号。

(1)语言符号包括口语和书面语。文化传承的口语传递是通过一代又一代人的亲身实践或口口相传,即年轻一代通过交际和学习来继承老一辈的文化传统来实现的。至于书面语言的文化传递,世界上几乎所有的国家或民族的文化传统都以书面语的形式记录在竹简、羊皮纸或纸张上,由于这些介质易于存放,可以长时间保存,因此今天才得以借助浩如烟海的历史文献或书籍来了解并学习本国以及其他国家多彩多姿的文化。

(2)非语言符号是指语言以外的各种信息传达形式,如面部表情、手势、身体动作等,它们都具有特定的文化内涵。而从广义上来说,诸如雕塑、绘画、照片等一些物化的文化载体,以及戏剧、电影等也都属于非语言符号,因为它们都以某种方式体现着某种文化内涵。例如,北京的故宫除了众多具有典型中国古代建筑风格和特色的古建筑以外,还存有我国历史上许多朝代的帝王所留下的大量的文化古迹以及包括珠宝、字画、服饰等在内的浩瀚的文物古董,它们既是中华民族的宝贵财富,也是代代相传的物化的中华文化。

(三)兼容性

任何文化都具有兼容性,这是文化得以生存发展的内驱力。

按照文化兼容的程度,可以将文化分为:开放式文化和封闭式文化。这里的"开放"与"封闭"是相对而言的,因为根本就没有完全开放的文化,也没有完全封闭的文化。

人们常常这样形容这两种文化:完全开放的文化就像一滴只看到浩瀚大海的雨水,因为忽略了其自身的文化个性,消除了文化间的良性差异就会逐渐消融在其他文化之中;完全封闭的文化则像一口井水,因为缺乏与其他优秀文化的交流而失去发展更新的源泉,最终只会慢慢枯竭。这种现象在人类的发展史上更是层出不穷,如古代埃及推崇皇室内部近亲婚姻的所谓宗室血统纯正的文化,在现如今发达的生理学和遗传学的研究中被证明是存在严重的遗传缺陷和弊端的。如此不仅达不到净化血统的目的,反而会使遗传下来的血统不能够正常存活影响整个社会的发展。事实上,古埃及正因如此才最终走向没落。文化因为兼容而发展,因为兼容而繁荣。

(四)整合性

吴为善和严慧仙认为,文化是一个群体行为规则的集合体,可以被理想化地推定可能出现在某一社会或群体的所有成员的行为之中。而由群体历史所衍生及选择的传统观念,特别是世界观、价值观念等文化的核心成分,常被称作"民族性格"、"文化实体"。可见,文化是一定区域内的一定文化群体为满足生存需要而创造的一整套生活、行为、思想的模式,是一个由多方面要素综合而成的复杂整体。

所谓文化的整合性,是指一种文化得以自我完善和形成独特面貌的动力。它在保证文化随时间变迁的同时,也可以在一定程度上维持文化的稳定秩序。例如,在中国延续了两千多年的传统文化中,建立在血缘基础上的宗法意识形态,融自然哲学、政治哲学和伦理哲学为一体的"天人合一"世界观,以"经国济世"为目的的实用理性等精神元素,这些作为中国文化的"内核",始终在中国文化传统的形成中发挥着"整合"作用。① 同时，其他组成要素互相融合、互相补充、互相渗透，共同发挥着塑造中国的民族特征和民族精神的功能。经过这种整合而形成的中国文化，是一个完全不同于欧美文化的独特模式。

由于不同文化具有不同的文化"内核"，其也会导致在认知模式、价值观念、生活形态上的差异，这些差异在交际过程中也必然会形成文化的碰撞，而跨文化交际中的误会、冲突也正源于此。如果交际双方均不能理解对方的文化，那么将会产生与交际预期的巨大的反差，从而产生令人不满意的结果。

（五）传承性

文化既是可习得的，又是可以传承的。文化可以从一个承担者向另一个承担者转化，也可以由上一代人传承到下一代不断发展。布瑞斯林（Brislin）认为，如果某些价值观已存续多年并被认为是社会的核心理念，这些价值观必定会代代相传下去。

文化的传承性使文化变得可积累。在没有文字的社会，人们把自己的经验、知识、信仰、观念传承为下一代主要借助口头形式；后来，则主要通过文字形式相传下去。由于文化的传承，使得任何一个社会的文化都包含了历史的积淀。②

例如，各个国家都有自己的节日、喜庆日，中国在这样的日子里挂红灯就是中华民族数千年来传统文化延续的表现。再如，中国青年逐渐接受了西方新娘穿白色婚纱礼服的习俗，因为白色代表着美丽和圣洁。此外，中国历史上有科举取士的制度，如今人们保留了通过考试选拔人才的形式而扬弃了旧八股文的考试内容，代之以现代科学知识来检测人们掌握知识的程度。

---

① 吴为善，严慧仙.跨文化交际概论[M].北京:商务印书馆,2008:7.
② 陈俊森，樊葳葳，钟华.跨文化交际与外语教育[M].武汉:华中科技大学出版社,2006:3.

（六）宗教性

在人类的发展史上，宗教与政体长期共生共存，两者有时互相利用，有时则政教合一。基督教有过相当长时间的教会统治，而伊斯兰教也曾经在相当大的地域中以教立国。宗教对政治具有不可忽视的影响，因而对文化产生重要影响。物质文化、制度文化、行为文化、心态文化等各种类型的文化，都与宗教有着密不可分的联系。

例如，建筑、服饰、饮食等物质文化由于受到不同宗教的影响而具有明显不同的风格；宗教对人们的思维、信仰、意识形态有极大的影响力，宗教文化统治了整个欧洲中世纪社会文化的各个方面；基督教、伊斯兰教都曾经长期渗透于社会规章制度、组织形式以及其他形式之中。

三、中西方文化的渊源

（一）中国文化的渊源

中国的传统文化根植于农村，发祥于黄河流域的农业大地。中华民族享受着大自然的恩赐，人们可以在其固定居住地附近从事相关的农耕活动，在历史的不断变迁中最终形成了以农耕为特色的文化风俗体系。中国农耕文化集合了儒家文化和其他宗教文化，有其独特的文化内容和特点，主要包括语言艺术、思想哲学、社会风俗、利益规范等。

在历史的作用下，中国人形成了"重人伦、轻器物"的崇拜和屈从于权贵的人治思想；以"道德为本位"的反功利主义的价值取向；"重综合、轻分析"的宏观处事原则；"重意会，轻言传"的谦虚和隐讳原则；"崇尚群体意识，强调同一性"的依附于集体合作的团队精神;"追求人与自然的和谐统一"对立互补原则等。①

中国传统的三大教派包括儒教、佛教、道教,它们对中国文化的形成与发展产生了巨大影响,是中国文化的主要渊源。

1.佛教文化

佛教于公元前5世纪由乔达摩·悉达多所创立,之后被称为"释迦牟尼"。在公元1世纪(西汉),佛教由印度传入中国,并且在中国流传的过程中,以其自身文化的特点与优势对中国文化产生着强大的渗透力,充实并丰富了中国文化。同时,佛教由于深受儒家、道家的影响,逐步中国本土化和民族化,成为中国文化的重要组成部分。

佛教倡导的"四圣谛"、"八正道"等对中国人的信仰和思想都产生了深远的影响。

(1)"四圣谛"

四圣谛主要包括苦谛、集谛、灭谛和道谛。②

苦谛,是指万物众生的生死轮回充满了痛苦烦恼。苦难始终贯穿人的一生,包括生、老、病、死等,人活着就是受苦受难。

集谛,是指造成众生痛苦的根源是欲望。人总是摆脱不了各种欲望和诱惑,这是给人们带来苦难的根源。

灭谛,是指消除世间众生痛苦的途径是放弃欲望。

道谛,是指通向寂灭的道路。人们消除欲望,最终脱离苦海,到达极乐的境界。

(2)"八正道"

八正道又称"八圣道",即合乎正法的八种悟道成佛的途径。八正道包括正语、正见、正思维、正业、正命、正精进、正念和正定。

正语,是指正确的言语,也就是不妄语、不慢语、不恶语、不谤语、不绮语、不暴语,远离一切戏论。

---

① 李建军.文化翻译论[M].上海:复旦大学出版社,2010:21—22.
② 同上,第22页.

正见,是指正确的见解,离开一切断常邪见。

正思维,是指正确的思维,离开一切主观分别、颠倒妄想。

正业,是指正确的行为活动,也就是不杀生、不偷盗、不邪淫等,诸恶莫做,众善奉行。

正命,是指正确的生活方式,即远离一切不正当的职业和谋生方式,如赌博、卖淫、看相、占卜等。

正精进,是指正确的努力,去恶从善,勤奋修行,不懒散度日。

正念,是指正确的念法,即忆持正法,不忘佛教真理,时时以惕励自己。

正定,是指正确的禅定,即专注一境,身心寂静,远离散乱之心,以佛教智慧去观想事物的道理,获得人生的觉悟。

佛教的教义有很多,如"无神"、"无常"、"无我"、"因果相续"思想。佛教使人相信生死轮回,善恶有因果报应,并认为人们来到这个世界上就是为了受苦,所有的苦难也都源于人们的欲望,因此教化人们去抵制各种各样的诱惑并抑制自己的欲望,如贪、嗔、痴、慢、疑、恶等。在现实生活中,佛教倡导人们要用好智慧、向好学好、有善意的目的、符合伦理的言行、谨慎处事、感情专一等。

佛教对中国文化影响较大的是善恶因果的道德说教和生命与宇宙之间循环协调关系的哲学思辨关系。

2.道教文化

道教源于中国,是中国土生土长的宗教。道教最早是由东汉时期的张道陵创立的,至今约有1 900年的历史。道教的教祖是伟大哲学家和思想家老子,其兴盛于南北朝时期。道家作为中国最具影响力的宗教之一,对中国文化的发展也起着巨大作用。

道家的主要教义是:"道可道也,非恒道也。名可名也,非恒名也。无名,万物之始也;有名,万物之母也。故恒无欲也,以观其眇;恒有欲也,以观其所徼。两者同出,异名同谓。玄之又玄,众眇之门。"

道教信奉的是神仙,道家弟子们试图通过炼丹、法术等活动,使自己得道成仙。道教认为宇宙存在的最高境界就是天人合一,主张人们在为人处世时要推崇清心寡欲和自然无为的理念。

道教还提倡对立的思辨哲学观,即阴与阳,善与恶,现实与虚无等,使得中国人形成了对立的思辨习惯,中庸的处事策略,向善的人文精神,谦虚的交际原则。这也是道教对中国文化影响最深的地方。

3. 儒教文化

儒教又称"孔教",其源于春秋战国时期,最早记载于《史记》,其《游侠列传》道:"鲁人皆以儒教,而朱家用侠闻"。儒教推崇的儒学思想在中国古代哲学中一直处于主流地位,对中国封建社会的思想具有深远影响。

儒教主张的"三纲五常"对中国社会秩序的形成与发展发挥了巨大作用。根据儒教的观点,人们在社会生活和交往处世过程中要遵守"三纲",即"君为臣纲"、"父为子纲"、"夫为妻纲";以及"无常",即"仁"、"义"、"礼"、"智"、"信"(另一说为"五伦",即古人所谓君臣、父子、兄弟、夫妇、朋友等五种人伦关系)。

作为儒家学说的重要著作,《论语》中就有很多与社会秩序和社会关系相关的论述,如"己所不欲,勿施于人","入则孝,出则悌,谨而信,范爱众,而亲仁。行有余力,则以学文","父母在,不远游,游必有方"等。这些观点对中国的社会纲常秩序、家族制度的形成与维护,以及礼仪制度和行为规范的形成与发展都产生了重大影响。例如,中国"内外有别、辈分有分、长幼有序"的复杂称谓体系就深受儒教理论的影响。

总的来说,中国文化在发展中形成了独具特色的价值观,表现为以"仁爱、礼谦、顺从"为核心的道德价值体系,其特点可以总结如下。

(1)天人合一,顺天应物。中国文化提倡人与自然是和谐存在的一个整体,且自然界中存在的很多不能解释的现象均是天意,人凡事都应顺从天意。

（2）贵和尚中。中国人倡导"君子和而不同"的理念,追求中庸之道的处世原则和策略。

（3）家族伦理本位。中国人的家族意识很强,维护整个家族的利益是每个家族个体应追求的目标,同时家族个体也应受制于家族制度和规约。

在中国,人们特别看重言论的力量,提倡在交际中运用含蓄、隐讳的表达方式,这也是中国人文文化的一大特色。此外,人们还特别关注权威人士的言论与看法,顺从旨意,经常引经据典,旁征博引。

（二）西方文化的渊源

西方文化属于科学文化,其特点是:"重物质,轻人伦;价值取向以功利为本位;重分析,轻综合;重概念,忌笼统;强调人权,主张个人至上,重视特殊的辨识。强调人与自然的对立,人对自然的索取。"[1]

西方文化源于两希文化,即希伯来文化（Hebrew Culture）与希腊罗马文化（Greek and Roman Culture）,同时基督文化（Christian Culture）也对西方人的道德观念和价值取向产生了较大影响。

1.希伯来文化

在公元前3 000多年,希伯来民族居住在阿拉伯半岛,人们以牧牛和羊为生。随后,希伯来人北迁,到达两河流域,并逐渐发展了苏美尔文化和古巴比伦文化。大概过了一千年以后,希伯来人逐渐离开了两河流域,向北或向西迁移和发展。"希伯来"的字面意思是"从大河那边来的人"。希伯来人在长期的游牧生活中形成了较强的感知世界的能力。他们善于将事物与其功能联系在

---

① 李建军.文化翻译论[M].上海:复旦大学出版社,2010:26.

一起,所以可以讲希伯来文化用"实用、公正、道德"来概括。

2. 希腊罗马文化

欧洲大陆的文化起源于古希腊罗马时期。古希腊位于欧洲大陆的东南部,古罗马位于南部,由于平原较少,多山少河,不适合农业的发展,这就使当地人不得不向外开拓经济,发展工商业和海上贸易。在古代,海上贸易面临的最大的一个难题就是安全,人们不得不冒很大的风险从事贸易活动,这种不利的地理因素造就了西方人勇于探险,喜爱尝试新鲜事物,善于创新的性格特点。可以说,古希腊人的这种以海商为主的生存方式使他们形成了"平等"、"民主"和崇尚个人主义的思想意识。古希腊文学、哲学、艺术等都表现了古希腊人对宇宙、自然与人生的理解与思考。随着希腊文明的逐渐衰落,罗马文化在继承希腊文明的基础上得以发展。

3. 基督教文化

基督教源于公元 1 世纪巴勒斯坦的耶路撒冷,兴盛于欧洲地区。

(1)基督教的教义

基督教的教义主要有如下八种。

①十诫。除了我(上帝)以外你不可有别的神;不可为自己雕刻和敬拜偶像;不可妄称耶和华你上帝的名;当守安息日为圣日;当孝敬父母;不可杀人;不可奸淫;不可偷盗;不可作假证陷害人;不可贪恋别人妻子和财物。

②三位一体。相信上帝唯一,但有三个[位格],即圣父——天地万物的创造者和主宰;圣子——耶稣基督,上帝之子,受上帝之遣,通过童贞女玛利亚降生为人,道成肉身,并[受死]、[复活]、[升天],为全人类作了救赎,必将再来,审判世人;圣灵——上帝圣灵。三者是一个本体,却有三个不同的位格。

③信原罪。信原罪是基督教伦理道德观的基础,认为人类的

祖先亚当和夏娃因偷食禁果犯的罪传给了后代子孙,成为人类一切罪恶的根源。人生来就有这种原罪,此外还有违背上帝意志而犯种种[本罪],人不能自我拯救,而要靠耶稣基督的救赎。因而,原罪说以后逐渐发展为西方的[罪感文化],对欧美人的心理及价值观念影响深远。

④信救赎。人类因有原罪和本罪而无法自救,要靠上帝派遣其独生子耶稣基督降世为人做牺牲,成为[赎价],作了人类偿还上帝的债项,从而拯救了全人类。

⑤因信称义。人类凭信仰就可得救赎,而且这是在上帝面前成为义人的必要条件。

⑥信天国和永生。人的生命是有限的,但人的灵魂会因信仰而重生,并可得上帝的拯救而获永生,在上帝的国——天国里得永福。

⑦信地狱和永罚。人若不信或不思悔改,就会受到上帝的永罚,要在地狱里受煎熬。

⑧信末世。相信在世界末日之时,人类包括死去的人都将在上帝面前接受最后的审判,无罪的人将进入天堂,而有罪者将下地狱。

(宗教研究中心《世界宗教总揽》)

(2)《圣经》对西方文化的影响

此外,《圣经》(Bible)是基督教的经典。《圣经》作为宗教圣典,是基督教教义的基础,也是基督教信仰的根本。它以小说、历史、诗歌、戏剧、书信等多种体裁,记载了犹太民族、古代地中海地区其他民族的历史、神话、传说、诗歌、民俗、伦理、法律等重要史料,记述了古代信仰,再现了远古生活风情,对西方的社会思想和文化产生了深刻的影响。

基督教作为西方的主要宗教之一,影响了整个欧洲近2 000年。它对西方社会文化产生了巨大的、深远的影响,本身也已经成为西方文化的主要组成部分。可以说,基督教是西方文化的核心。

(3)基督教影响下的西方文化特点

在长期的发展与变革中,西方文化形成了以"自由、科学、平等"为核心的功利性价值体系,这与我国的价值观极为不同。西方文化主要有下面两大特点。

①注重"个体"的概念,讲究"天人相分",即人与自然是完全对立的,应该分开来看,人与自然之间应该是一种支配与被支配的关系。

②推崇抽象的思维方式。西方文化特别看重思维的逻辑性和事物内在的关联性,所以西方人善用抽象的概念来表达具体事物的含义。

第二节　交际

一、交际的定义

中西方对"交际"一词的理解各不相同,可谓众说纷纭,见仁见智。

《辞源》记载:"际,接也。交际谓人以礼仪币帛相交接也。"可见,在中国古代,"交际"一词指人与人之间的接触往来。

《孟子·万章下》记载:"敢问交际,何心也?"明代的朱熹对这句话的解释是:"际,接也。交际,谓人以礼仪币帛相交接也。"

《现代汉语词典》对"交际"一词的解释为:"指社会上人与人的交际往来"。

然而,《朗文当代英语辞典》将 communication 定义为:"Communication is the process by which people exchange information or express their thoughts and feelings. "意思是"交际是人们交流信息或表达彼此的思想感情的过程。"

从跨文化交际学角度看,英语 communication 一词的词根为 commonis,意思是"共同"。外语教学界和对外汉语教学界将其译成"交际",国际政治界将其译为"交流",交通、通信界将其译成"沟通"、"通信"、"交通",新闻界将其译为"传播",甚至还有人将其翻译成"传通"。

日语对"交际"一词的表达包含两个对应的词汇,其一是"交際"和中文交际繁体一样,读作 kosai,是日语传统"交际"的意思;其二是"コミュニケーシヨン",是英文 communication 的音译词,指现代社会中的交际。

萨莫瓦(Samovar)、波特(Porter)和杰恩(Jain)为"交际"下的定义是:"当一种行为或一种行为的结果传达一定的意思时,交际随即产生。"由他们的观点可知,交际是一种双向的、正在进行中的行为影响的过程。在这个过程中,信息发出者编出代码,并将信息通过一定的渠道传递到信息接收者。信息接收者对信息的理解进行解码,而达到获得信息的目的。

诸如此类的解释数不胜数,这里不再赘述。不论"交际"一词做何解释,其特点是固定、统一的。

二、交际的特点

(一)互动性

交际的互动性是指交际主体的双方是互动,信息发出者与接收者、编码与解码是交替进行的。交际的互动性也体现在交际中所有参与者共同发挥作用、共同创造和保持意义。

(二)语境性

交际的语境性包括交际活动的具体环境和交际者之间的关系。交际语境可以分为三种:物理语境、社会语境和人际关系语境。

所谓物理语境,是指交际实际发生的地点,如明亮的或黑暗的地点、寒冷的或炎热的地点、公开的或私人的地点等。

所谓社会语境,是指交际发生的不同社会场合,如看体育比赛、婚礼、上课等。不同的社会场合对人们的交际行为有不同的期待和规定。

所谓人际关系语境,是指交际双方所处的社会关系。人们对于不同的社会关系人之间发生的交际行为也会有不同的期待,如发生在同事之间、家庭成员之间和熟人之间的交际活动在说话态度、说话语气和话题选择上会有差异。

(三)动态性

交际的动态性是指交际是正在进行的动态的过程,而不是静止不变的。交际是一个连续不断变化的活动。交际中人们说出的话语和做出的行为很快就被其他话语和行为所取代。交际过程中人们不断受到彼此发出的信息的影响,并且交际的各个构成要素之间彼此作用,所以交际处于不断的变化之中。

(四)系统性

交际处于其发生的场景、场所、场合、时间和参与交际的人数庞大的系统中。也就是说,任何的交际都发生在一定的场景中。交际发生的场景或语境决定了人们可能产出的语言和行为,以及符号代表的意义。场景某种程度上规定了交际的原则。服饰风格、语言以及话题的选择等因素都要适合场景的要求。

交际发生的场所某种程度上也对人们的交际行为作出规定。在不同的交际场所,如礼堂、饭店或是学校,交际行为会呈现不同的特点。交际发生的场合也能够控制交际者的行为。众所周知,在礼堂中可能举行毕业典礼、话剧、舞蹈表演或者纪念活动。每一种场合都有其特定的行为模式,每一种文化所规定的行为模式也各异。

(五)符号性

符号是人们交际过程中的思想的载体,也是人们在交际过程中用来传达和分享意义的媒介。符号可以分为两种:语言符号或非语言符号。制造符号是人类特有的能力,动物之间也进行交际,但它们的交际有别于人类,它们不是以符号为媒介的。

每一种文化中的人们均使用符号,但他们赋予符号不同的含义。符号的使用具有主观性,且符号与它所代表的含义之间的关系带有任意性。

三、交际的本质

概况而言,交际的本质可以总结为如下几个。

(1)交际是基于信息交流的编码与解码的过程。有效交际和沟通的实现是建立在信息发出者和接受者共享统一或相近的语码纸上的,就是交际双方使用同一种语言说话或能够对交际相关要素理解和掌握。

(2)交际是以符号的使用为手段的。广义的符号包括身势语和口语,还包括图画、文字等超越时空的符号等。甚至有些符号如伸舌头、点头、皱眉头是在无意识间发生,但一旦被观察或注意到,也能起到传递信息、进行交际的作用。

(3)交际的活动是有章可循的。例如,交际者之间使用的固定的词法、句法等语言规则,语用规则、语篇组织规则等。处于相同文化背景的人互相共享一些相同的规则利于其交际的顺利进行,文化差异也因为规则的不同阻碍交际的顺利展开。因此,掌握相关的文化规则将会更有利于成功交际的实现。

第三节　跨文化交际与翻译

一、文化与交际的关系

交际与文化二者是统一的。可以说,文化是冻结了的交际,交际是流动着的文化。具体来说,文化与交际的关系如下。

(1)交际受制于文化,文化影响着交际。交际行为是文化行为和社会行为,受到社会文化中世界观、价值观等文化核心成分的影响和制约。交际行为的译码活动也受制于文化特定规则或规范。交际双方共享一套社会期望、社会规范或行为准则时,才利于其交际的顺利进行。

(2)交际隶属于文化,并且是文化的传承媒介和编码系统。从社会学角度看,人们习得交际的能力是通过交际完成社会化的过程,又通过交际建立内外部世界。有了交际,人们的活动、文化才能得到存储和传承。

(3)交际在影响文化的过程中丰富着文化。二者相互依存、相互促进。另外,交际也给文化注入新的活力和增添新的成分。

(4)文化的差异性会使跨文化交际过程中,意义的赋予变得更加复杂,从而导致编码人传递的信息和译码人获得的意义之间存在差距。

二、跨文化交际的定义

"跨文化交际"一词对应的英文是 intercultural communication 或 cross-cultural communication。有时也可以用 trans-cultural communication 来表示。需要指出的是,intercultural 强调的文化比较,而 cross-cultural 则仅指交往。也就是说,前者相当于跨文化交际研究,而后者相当于跨文化交际活动。有一种定义说道:本族语言使用者与非本族语言使用者之间的交际,也指任何在语言和文化背景方面有差异的人们之间的交际。而目前人们普遍认同的解释是:具有不同文化背景的人通过语言、信号、文字方式进行的思想、信息交流。它通常指的是具有不同语言文化背景的不同民族成员之间的交往活动,又指同一语言的不同民族成员之间的交际,更有人认为它是一切在语言文化背景有差异的人们之间的交际。简单地说,跨文化交际就是具有不同文化背景的人们从事的交际过程。①

① 张全.全球化语境下的跨文化翻译研究[M].昆明:云南大学出版社,2010:50.

由于每一个人的文化和社会背景、生活方式、受教育状况、宗教信仰、性别、年龄、政治信念、经济状况,以及爱好、交友条件、性格等方面都存在或多或少的差异,所以在交际过程中说话人与听话人对信息的理解将很难达到百分之百的一致。不同的民族所处的生态、物质、社会及宗教等环境均有所不同,所以生长在不同语言环境下的人们就会产生不同的语言习惯、社会文化、风土人情等。因此,不同的文化背景铸成了人们不同的说话方式或语言习惯。从这个意义上讲,任何人之间的交际都是跨文化交际,差异仅是程度上的,而非本质的。在跨文化交际中,交际双方的文化背景,可能大致相似,更可能相去甚远。文化距离可能是国际、民族、政治制度等上的差异,也可能是社会阶层、地区、教育背景、性别、年龄、职业、爱好或兴趣等上面的差异。

三、翻译与跨文化交际

(一)翻译的跨文化交际属性

语言交际在不同文化中均是以自身默契来编码和解码的,而中西方跨文化交际是要从不同角度去理解中西方社会的不同价值观、世界观与人生观,以建立跨文化的中西方共识,以促进中西方文化之间的沟通,追求新文化、新价值标准为中介并使交际双方彼此均都接受,以避免不同文化之间的冲突,从而实现成功的跨文化交流。

从人类社会产生,尤其是人类通过语言交流思想以来,跨文化交际就得以产生,而要保证这种跨文化交际能正常运用,就离不开翻译。当两个操不同语言的人相遇时,双方就必须依靠翻译来进行交际,所以为了更有效地进行跨语言、跨文化的交流,翻译就随着产生了。翻译者与翻译活动的出现,大大推动了跨文化交际活动的发展,从最初的族群与族群、民族与民族之间的微观跨文化交际,逐渐发展成国家与国家、地区与地区之间乃至全世界之间的公关跨文化交际。可见,跨文化交际的出现促使了翻译活动的产生,而翻译活动反过来又推动了跨文化交际的发展;没有跨文化交际的需要,也就不会有翻译。总之,跨文化交际与翻译是相辅相成、相互依存的。从某种层面上说,翻译就是跨文化交际,翻译的历史也就是跨文化交际的历史,尽管这种说法有失偏颇,但其也有一定道理。以中国为例,我国文字记载的两千多年的翻译史不但是翻译活动的历史记录,还是汉文化与其他外国民族文化以及我国少数民族文化之间的跨文化交际过程。

不同文化之间的交流,不同思想之间的碰撞,均离不开语言。从本质上说,翻译是在一定社会语境下发生的交际过程,是一项跨语言、跨文化的交流活动。翻译主要涉及两种语言,即将一种语言以最近似、最等值的形式转换成另外一种语言的人类社会实践活动,是一种将语言文字、语言知识、文化修养结合起来的综合性艺术,这也是它的跨语言性。因此,翻译是一种语言社会实践活动,其具有跨文化性,又具有交际性;翻译既是一种艺术,又是一门科学。

如今,文化研究在全世界都是一个热门的话题,从文化的视角,尤其是跨文化视角来研究翻译也渐渐成为一种潮流,文化因素在翻译中的作用越来越受到重视。近 20 年来,翻译研究主要有两种倾向。其一是,翻译理论被深深地烙上了交际理论的印记;其二是,翻译从注重语言的转换逐渐转向了注重文化的传达。以上两种倾向的结合,就将翻译看作是一种跨文化交际行为。

(二)跨文化交际与翻译研究及实践

吕俊指出,翻译的本质是传播,它是一种跨文化的信息交流与交换活动。随着跨文化交际学的出现,有学者提出,翻译即一种跨语言、跨文化的交际活动。译者除了要掌握基本的语言知识和相应的语言技能,还要确保译者可以深入、灵活、有效且具体地传达原文的思想,其还应了解源语与目的语的文化。只有具备了一定的跨文化交际能力,译者才可能使译文达到"最近似的自然等值"或者完成相类似的文化功能。

不同民族文化在对社会现象的观察上就存在一定差异,且这种差异也是影响交际顺利进行的主要障碍。在跨文化交际过程中,交际各方不但要非常熟悉本族的语言、文化,还要充分了解对方的语言、文化。只有这样才能保证交际顺利地进行下去。

事实上,造成跨文化交际的最大的一个障碍就是文化差异。因此,为了达到跨文化交际的目的,译者就要淡化自己的文化。

翻译是一种跨文化交际活动,它的主要认识是将一种语言的文化内涵转换到另一种语言中去,译文是否忠实主要靠译者对两种语言以及所表达的文化内涵的细微差别的掌握情况。

跨文化交际学为从跨文化角度审视特定文所处的语境和语言特征提供了科学的方法。跨文化交际的理论与研究方法,为文本、语篇的生成与传播的红罐语境和微观语境、文化氛围的客观认知,对信息接受者的整体特点与具体个性的确切了解,对精确翻译文本、语篇中"符码"所蕴含的文化信息,以及对确定翻译标准适度性、翻译技巧选用的测量性、保证翻译的合理性、翻译质量的优质性、翻译传播效果的实效性提供了定性的或定量的依据。

从国内的研究成果来看,有些学者注重讨论西方人的思维模式、价值取向、道德规范、社会习俗、交往和生活方式等;有些学者注重从这些方面对中西方语言文化的进行对比研究;一些学者从语言的功能,文字的音、形、义以及文化效应的角度对英语和汉语进行更深层次的比较;还有医学学者会从社会交际、日常交往及其语言表达方式等方面对英汉语言的运用进行比较;而还有学者则从翻译学的视角出发,研究英汉语言互译中如何使用译入语恰当、准确地表达源语的语义以及其中蕴含的文化问题,注重对翻译方法和技巧的讨论。总之,这些学者的观点和看法,均对丰富和发展跨文化交际学理论做出了较大贡献。

第三章　跨文化交际与英汉翻译教学

近年来,翻译教学中融入了跨文化意识的问题。翻译教学作为将双语的转换为主要内容的学科对文化传播负有直接的责任。跨文化意识培养也对翻译教学有着重要意义。本章首先介绍文化差异对翻译教学的影响,然后阐述文化翻译的原则与策略,接着讨论英汉翻译的基本技巧,最后说明文化差异对英汉翻译教学的启示。具体的文化翻译教学研究将在第四至第六章进行详细的讨论。

第一节　文化差异对翻译教学的影响

翻译不仅是一种语言间的转换活动,更是一种文化之间的信息交流活动。从某种程度上来看,译者对英汉文化差异的正确解读对翻译的成败起着至关重要的作用。概括来说,文化差异对翻译的影响主要体现为以下两个方面。

一、文化误译

文化误译是由文化误读引起的,是指在本土文化的影响下,习惯性地按自己熟悉的文化来理解其他文化。文化误译是中国学生在英汉翻译中经常出现的问题。例如:

It was a Friday morning,the landlady was cleaning the stairs.

误译:那是一个周五的早晨,女地主正在扫楼梯。

正译:那是一个周五的早晨,女房东正在扫楼梯。

英美国家有将自己的空房间租给他人的习惯,并且会提供打扫卫生的服务。房屋的男主人被称为 landlord,房屋的女主人被叫成 landlady。所以该例中的 landlady 应译为"女房东",而不是"女地主"。

"You chicken!" He cried, looking at Tom with contempt.
误译:他不屑地看着汤姆,喊道:"你是个小鸡!"
正译:他不屑地看着汤姆,喊道:"你是个胆小鬼!"

大多数中国学生都会将 chicken 译为"小鸡",这是因为汉语中只有"胆小如鼠"一说,并无"胆小如鸡"的概念。事实上,英语中的 chicken 除本义外还可用来喻指"胆小怕事的人"、"胆小鬼",故"You chicken!"的正确译文是"你是个胆小鬼!"。

John can be relied on; he eats no fish and plays the games.
误译:约翰为人可靠,一向不吃鱼,常玩游戏。
正译:约翰为人可靠,既忠诚又守规矩。

该例中的 to eat no fish 与 to play the game 的字面意思为"不吃鱼,经常玩游戏",但在这句话中显然是讲不通的。实际上,这两个短语都有其特定的含义。英国女王伊丽莎白一世规定了英国国教的教义和仪式,部分支持此举的教徒便不再遵循罗马天主教周五必定吃鱼的规定,于是"不吃鱼"(eat no fish)的教徒就被认为是"忠诚的人"。而玩游戏的时候总是需要遵守一定的规则,因此 play the game 也意味着必须守规矩(follow principles)。不了解这些文化背景,想要正确翻译是不可能的。

可见,在英汉翻译教学中,教师应引导学生不断地扩充英语文化背景知识,要求学生在英汉翻译时根据具体语境,并结合文化背景,准确地理解原文的含义,然后选择恰当的翻译技巧进行翻译,切忌望文生义。

二、翻译空缺

翻译空缺就是指任何语言间或语言内的交际都不可能完全准确、对等的。更何况,英汉语言分属不同的语系,翻译的空缺现象在英汉语言交际中表现得尤为明显,给翻译的顺利进行带来了障碍。在英汉翻译教学中,教师应该提醒学生注意这一现象,英汉翻译中常见的空缺有词汇空缺和语义空缺两大类。

(一)英汉词汇空缺

尽管不同语言之间存在一定的共性,但同时也存在各自的特性。这些特性渗透到词汇上,就会造成不同语言之间概念表达的不对应。这和译者所处的地理位置、自然环境,所习惯的生活方式、社会生活等相关。

有些词汇空缺是因生活环境的不同而产生的。例如,中国是农业大国,大米是中国南方主要的粮食,所以汉语对不同生长阶段的大米有不同的称呼,如长在田里的叫"水稻",脱粒的叫"大米",而煮熟的叫"米饭"。相反,在英美国家,不论是"水稻"、"大米"还是"米饭"都叫 rice。

语言是不断变化发展的,随着历史的前进、科技的进步,新词汇层出不穷。例如,1957 年 10 月第一颗人造地球卫星发射成功后就出现了 sputnik 一词,而该词随即也在世界各国的语言中出现了词汇空缺。再如,1967 年 7 月,当美国宇航员登上月球后,英语中首次出现了 moon craft(月球飞船),moon bounce(月球弹跳),lunar soil(月壤),lunar dust(月尘)等词,这也一度成为各国语言的词汇空缺。

因此,教师在英汉翻译教学中要特别注重词汇空缺现象的渗透,要求学生认真揣摩由词汇空缺带来的文化冲突,指引其采用灵活的翻译方法化解矛盾,翻译出优秀的文章。

（二）英汉语义空缺

英汉语义空缺是指不同语言中表达同一概念的词语虽然看起来字面含义相同,但实际上却存在不同的文化内涵。以英汉语言中的色彩词为例,它们在大多数情况下都具有相同的意义,但在某些场合,表达相同颜色的英汉色彩词却被赋予了不同含义。例如:

black and blue 青一块,紫一块

brown bread 黑面包

green-eyed 眼红

红茶 black tea

红糖 brown sugar

气得脸色发青 turn purple with rage

因此,教师在日常的翻译教学中要不断引起学生对语义空缺现象的注意,遇到空缺时尽量寻求深层语义的对应,而不是词语表面的对应。

需要说明的是,语义空缺还表现在语义涵盖面的不重合,即在不同语言中,表达同一概念的词语可能因为语言发出者、语言场合等的不同而产生不同的含义。例如,英语中 flower 除了作名词表示"花朵"以外,还可以作动词表示"开花"、"用花装饰"、"旺盛"等含义,而这种用法是汉语中的"花"所没有的。相应地,汉语中的"花"作动词时常表示"花钱"、"花费"等含义,这也是英语中的 flower 所没有的。可见,英语中的 flower 和汉语中的"花"表达的基本语义虽然相同,但在具体使用中,二者差别极大。因此,教师应引导学生注意词语在语言交际中产生的实际语义,从而在翻译时实现语义空缺的弥合。

第二节　文化翻译的原则与策略

一、文化翻译的原则

很多人都误认为翻译是一种纯粹的实践活动,根本不需要遵循任何原则,并提出了"译学无成规"的说法。还有不少人认为,"翻译是一门科学,有其理论原则。"然而,金缇和奈达在两人合编的《论翻译》(*On Translation*)中指出,"实际上每一个人的翻译实践都有一些原则指导,区别于自觉和不自觉,在于那些原则是否符合客观规律。"

可见,翻译原则是指翻译实践的科学依据,是一种客观存在。历史上大量的翻译实践也证明,合理地使用翻译原则指导翻译实践活动将会受到事半功倍的效果。

同样,基于文化差异下的翻译活动也必须遵循一定的原则。

奈达在《语言·文化·翻译》中提出,翻译中的文化因素应该受到更多的重视,他进一步发展了"功能对等"理论。当奈达把文化看作一个符合系统的时候,文化在翻译中获得了与语言相当的地位。翻译不仅是语言的,更是文化的。因为翻译是随着文化之间的交流而产生和发展的,其任务就是把一种民族的文化传播到另一种民族文化中去。因此,翻译是两种文化之间交流的桥梁。据此,有专家从跨文化的角度把翻译原则归结为"文化再现"(culture reappearance),分别指如下两个方面。

(1)再现源语文化的特色。例如:

贾芸对卜世仁说:"巧媳妇做不出没有米的粥,叫我怎么办呢?"

(曹雪芹《红楼梦》)

译文 1:Even the cleverest housewife can't cook a meal without rice. What do you expect me to do?

（杨宪益、戴乃迭 译）

译文 2：… And I don't see what I am supposed to do without any capital. Even the cleverest housewife can't make bread without flour.

（霍克斯 译）

该例中，"巧媳妇做不出没有米的粥"就是我们的俗语"巧妇难为无米之炊"，意思是"即使聪明能干的人，如果做事缺少必要条件也是难以办成的。"译文 1 中，译者保存了原作中"米"的文化概念，再现了源语的民族文化特色，符合作品的社会文化背景。译文 1 中，"没米的粥"译成没有面粉的面包（bread without flour），译者的出发点是考虑到西方人的传统食物是以面包为主，故将"米"转译成"面粉"（flour）有利于西方读者接受和理解，虽然西式面包与整个作品中表达的中国传统文化氛围不协调，在一定程度上损害了原作的民族文化特色，但译文已经能够传达了原文的文化内涵"即使聪明能干的人，如果做事缺少必要条件也是难以办成的。"并且提高了译文的可接受性，是应该值得提倡的。

（2）再现源语文化的信息。① 例如：

It was Friday and soon they'd go out and get drunk.
星期五到了，他们马上就会出去喝得酩酊大醉。

尽管该译文看上去与原文对应，但如果读者看到后肯定会感到不知所云，为什么星期五到了人们就会出去买醉呢？很显然这句话承载着深层的文化信息：在英国，Friday 是发薪水的固定日期，所以到了这一天，人们领完工资之后就会出去大喝一场。译者在翻译时不妨将 Friday 具体化，加上其蕴含的文化信息，可把

---

① 白靖宇.文化与翻译（修订版）[M].北京：中国社会科学出版社，2010：9－10.

这句话译为:"星期五发薪日子到了,他们马上就会出去喝得酩酊大醉。"如此一来,使 Friday 一词在特定的语境中所承载的文化信息得以完整的理解和传递。

二、文化翻译的策略

在跨文化翻译过程中,干扰翻译的因素有很多,这就需要译者可以灵活地处理,运用恰当的翻译策略。

(一)归化策略

归化策略是指以译语文化为归宿的翻译策略。归化策略始终恪守本民族文化的语言习惯传统,回归本民族语地道的表达方式,要求译者向目的语读者靠拢,采取目的语读者所习惯的表达方式来传达原文的内容,即使用一种极其自然、流畅的本民族语表达方式来展现译语的风格、特点。归化策略的优点在于可以使译文读起来比较地道和生动。例如,as poor as a church mouse 译为"穷得如叫花子"而不是"穷得像教堂里的耗子"。

另外,对于一些蕴含着丰富的文化特色,承载着厚重的民族文化信息和悠久文化传统的成语与典故,也可采用归化翻译策略。例如:

fish in troubled waters 浑水摸鱼

drink like a fish 牛饮

Where there is a will,there is a way.

有志者,事竟成。

Make hay while the sun shines.

趁热打铁。

There is no smoke without fire.

无风不起浪。

To seek a hare in hen's nest.

缘木求鱼。

Fools rush in where angels fear to tread.

初生牛犊不怕虎。

One boy is a boy, two boys half a boy, three boys no boy.

一个和尚挑水吃，两个和尚抬水吃，三个和尚没水吃。

当然，归化翻译策略也存在着一定的缺陷，即它滤掉了原文的语言形式，只留下了原文的意思。这样译语读者就很有可能漏掉一些有价值的东西。如果每次遇到文化因素的翻译，译者都只在译语中寻找熟悉的表达方式，那么译文读者将不会了解源语文化中那些新鲜的、不同于自己文化的东西。长此以往，不同文化间就很难相互了解和沟通。[①]

以霍克斯对《红楼梦》的翻译为例，从其译文中可以感受到好像故事发生在英语国家一样，具有很强的可读性，且促进了《红楼梦》在英语世界的传播，但其也改变了《红楼梦》里丰富的中国传统文化内涵。例如，将带有佛教色彩的"天"译为西方读者更容易接受的 God（神）；将"阿弥陀佛"译成"God bless my soul!"。

（二）异化策略

异化是相对于"归化"而言的，是指在翻译时迁就外来文化的语言特点，吸纳外来语言的表达方式，要求译者向作者靠拢，采取相应于作者所使用的源语表达方式来传达原文的内容。简单地说，异化即保存原文的"原汁原味"。异化策略的优势是，它为译语文化注入了新鲜的血液，丰富了译语的表达，也利于增长译文读者的见识，促进各国文化之间的交流。例如：

As the last straw breaks the laden camel's back, this piece of underground information crushed the sinking spirits of Mr. Dobby.

---

① 兰萍.英汉文化互译教程[M].北京：中国人民大学出版社，2010：67.

正如压垮负重骆驼脊梁的一根稻草,这则秘密的讯息把董贝先生低沉的情绪压到了最低点。

将原文中的习语 the last straw breaks the laden camel's back 照直译出,不但可以使汉语读者完全理解,还能了解英语中原来还有这样的表达方式。

(三)归化与异化相结合策略

作为跨文化翻译的两个重要策略,归化与异化同直译与意译一样,属于"二元对立"的关系,二者均有自己适用的范围和存在的理由,然而没有任何一个文本能够只用归化策略或者异化策略就能翻译,因此只强调任意一种都是不完善的,只有将归化和异化并用,才能更好地为翻译服务。归化与异化结合策略,有利于中国文化的繁荣与传播。随着中国在经济与政治上的强大和全球一体化的深入,世界文化交流日益加强,中西文化的强弱被渐渐地淡化。翻译家们越来越尊重源语的文化传统,采用"异化"翻译,尽可能地保留源语文化意象。例如,北京奥运会吉祥物"福娃"的国际译名,经过多方的商议,最终由 Friendlies 更改为 Fuwa。

(四)文化调停策略

文化调停策略是指省去部分或全部文化因素不译,直接译出原文的深层含义。文化调停策略的优势是,译文通俗易懂,可读性强。当然,文化调停策略也存在一定的缺陷,即不能保留文化意象,不利于文化的沟通和交流。例如:

当他六岁时,他爹就教他识字。识字课本既不是《五经》、《四书》,也不是常识国语,而是天干、地支、五行、八卦、六十四卦名等学起,进一步便学些《百中经》、《玉匣记》、《增删卜易》、《麻衣神相》、《奇门遁甲》、《阴阳宅》等书。

(赵树理《小二黑结婚》)

When he was six, his father started teaching him some characters from books on the art of fortune-telling, rather than the Chinese classics.

该例原文中包含了十几个带有丰富的汉语文化的词汇,如《五经》《四书》、天干、地支、五行、八卦、六十四卦名、《百中经》、《玉匣记》、《增删卜易》、《麻衣神相》、《奇门遁甲》、《阴阳宅》。要将它们全部译成英文是非常困难的,同时也没有必要的,因为即使翻译成英文,英文读者也很难理解,所以可以考虑采用文化调停的策略,省去不译。

第三节　英汉翻译的基本技巧

英汉翻译技巧是英汉翻译研究的一个重要内容,但目前还没有哪个技巧是完全行之有效的。本节仅介绍目前较为常见的英汉翻译技巧,以期对英汉翻译者的翻译活动提供些许参照。具体采用哪种技巧,还需要根据具体情况而定。这里主要从词汇、句子和语篇三个层面介绍一些英汉翻译的技巧。

一、词汇的翻译技巧

(一)词类转换法

所谓词类转换法,是指翻译时在保持原文内容不变的前提下,改变原文中某些词的词类,以使译文通顺自然,合乎译入语的表达习惯。[①] 常见的词类转换方式有:转译成动词、转译成名词、转译成形容词。

---

① 张春柏.英汉汉英翻译教程[M].北京:高等教育出版社,2003:76.

1. 转译成动词

(1)名词转译成动词。例如：

The sight of the boy reminds me of his passed father.
看到那个男孩,使我想起了他已故的父亲。

该例中的名词 sight 被译为动词"看到"。

International trade is the exchange of goods and services produced in one country for goods and services produced in another.
国际贸易就将一个国家生产的商品和提供的服务与另一个国家生产的商品和提供的服务进行交换。

该例中的名词 exchange 被转译为"交换"。

Talking with his young neighbor,the old man was the forgiver of the young man's past wrong doings.
在和年轻的邻居谈话时,老人宽恕了年轻人过去的过失。

在 72 行中,没有一种职业是原谅。因此,这里的 forgiver 被译为"宽恕"十分贴切。

(2)形容词转译成动词。例如：

To my great surprise,I became aware of a surfer off the shore,patiently padding his board while he is waiting for a perfect wave.
令我吃惊的是,我看见一个冲浪者离岸很远,耐心地踏着滑板,等待一个最理想的浪头。

该例中的形容词 aware 被译为"看见"。

(3)副词转译成动词。例如：

Families upstairs have to carry pails to the hydrant down-stairs for water.

住在楼上的人家得提着水桶去楼下的水龙头打水。

该例中的 upstairs 和 downstairs 被分别译为"住在楼上"和"去楼下"。

(4)介词转译成动词。例如：

This is the key to the window. Open the window to escape in case of fire.

这是打开窗户上锁子的钥匙。如果遇到火灾，打开窗户逃走。

原文中的介词 to 和 in case of 被巧妙地翻译成汉语的动词"打开"和"遇到"。

2.转译成名词

可以将原文中的词类转译成译文中的名词的情况主要有下面几种。

(1)英语中含有很多由名词派生出来的动词，及名词转用动词，但当其在汉语中却很难到对应的动词时，就可以将其转译成汉语名词。例如：

To them, he personified the absolute power.
在他们看来，他就是绝对权威的化身。

原文中的 personify 是由名词派生而来的动词，所以译文可以仍保留其名词意义，即"象征"。

(2)一些英语被动句中的动词，可以译为"受(遭)到……＋名词"、"予(加)……＋名词"结构。例如：

Satellites must be closely watched, for they are constantly

being tugged by the gravitational attraction of the sun, moon and earth.

由于经常受太阳、月亮和地球引力的影响，所以卫星活动必须予以严密的监控。

原文中的 be closely watched 被译为"加以……监控"；are constantly being tugged 被译为"受到……影响"。

（3）英语中一些形容词在特定的上下文中，一般可译为名词，一些形容词加定冠词可以表示某个种类，也可译为汉语中的名词。例如：

They did their best to help the poor and the sick.
他们尽了最大的努力帮助穷人和病人。

原文中的 the poor and the sick 被译为名词"穷人和病人"。

Tom was eloquent and elegant—but soft.
汤姆有口才、有风度，但很软弱。

本例中原句的两个形容词 eloquent 和 elegant 被分别译为名词"口才"和"风度"。

3. 转译成形容词

英语中由形容词派生的名词可以转译成形容词。例如：

The spokesman admitted the feasibility of the American proposals.
发言人承认，美国的建议是可取的。

原文中的名词 feasibility 被译为形容词"可取的"。

She is a stranger to the operation of the helicopter.
她对直升机的操作很陌生。

该例原文中的名词 stranger 被译为形容词"陌生"。

（二）增词法与减词法

1. 增词法

所谓增词法，是指在原文基础上增加必要的词、词组、分句或完整的句子，以使译文在语义、语法、语言形式上符合译文习惯，在文化背景、词语连贯上与原文一致，使文字更加清楚。通常来说，增词可用于下面几种情况。

（1）因语法需要而增词。例如：

Flowers and trees are all over the school campus.
朵朵鲜花、棵棵树木长满了校园。

译文中的"朵朵"、"棵棵"表示复数概念，这里是根据语法需要而增加的词。

Look before you leap.
三思而后行。

这里的"三思"表示经过多次思考后，再做决定。

The professor had taught the girl to write paper and the girl loved her.
原来教授教会了女孩写论文，所以女孩喜欢她。

该例译文增加了表示过去的时间状语"原来"。

Their host carved, poured, served, cut bread, talked, laughed, proposed health.
主人又是雕刻造型啊，又是倒酒啊，又是上菜啊，又是切面包啊，说啊，笑啊，敬酒啊，忙个不停。

该例译文增加了六个"啊"字,表示主人热情好客、忙个不停的场景。

Apart from a brief interlude of peace, the war lasted nine years.
除了一段短暂的和平,那场战争持续了九年。

该例在译文中增加了量词"段"。

The Americans and the Russians have undergone a series of secret consultations.
美俄双方已进行了一系列的秘密磋商。

该例增加了"双方"一词,使语言更加流畅,更符合汉语的表达习惯。

There are tears for his love; joy for his fortune; honor for his valor; death for his ambition.
用眼泪回报他的爱;用欢乐庆贺他的幸运;用荣誉赞美他的勇猛;用死亡遏制他的野心。

该例的原文均省略了 there is(are),而译者为了使句子意义更加完整,语言更加通顺,增加了"用"这一谓语动词。

(2)为意义表达清晰而增词。例如:

He was about to become, for lack of anyone or anything better, a very influential intellectual—the wrong man at a wrong place with the wrong idea.
因为找不到比他更好的人,也没有更好的办法,于是,他就要成了一个很有影响的知识分子了,这真是在错误的地方任用错误的人去实行错误的主张。

原文名词词组 the wrong man at a wrong place with the wrong idea 之前增加了动词"在"、"任用"和"实行",使整个句子

更加连贯。

The sky is clear blue now the sun has flung diamonds down on meadow and bank and wood.

此时已是万里蓝天,太阳把颗颗光彩夺目的钻石洒向草原,洒向河岸,洒向树林。

该例在译文中增加了形容词"光彩夺目的",用来修饰钻石。

She is not born for wifing and mothering.
她这个人天生不是做贤妻良母的料儿。

该例在译文中增加了名词"料儿"。

His wife thinks that this furniture is too expensive and, moreover looks very ugly.

他妻子认为,这件家具价格昂贵而且外表难看。

在译文在形容词 cheap 和 fine 之前增加了"物"和"价"。

Both sides are willing to hold face-to-face talks in order to ease tension.

双方都愿意举行面对面的会谈以缓和紧张局势。

在例在抽象名词"准备"之后增加了名词"局势",使整个译文读来更加顺畅。

2. 减词法

所谓减词法,是指将原文中需要而译文中不需要的词去掉。减词法一般可以用于以下几种情况。

(1)因语法需要而减词。例如:

We live and learn.

……活到老,学到老。

该例译文用省略号指人称代词 we。

There is a western film in town this week. Have you seen it?
本周城里在上映一部西部片,你看了吗……?

该例译文用省略号指原文中的代词 it。

He put his hands into his pockets and then shrugged his shoulders.
他把……双手放在……口袋里,然后耸了耸……肩。

该例译文用三个省略号表示三次省略了代词 his。

Early to bed and early to rise is the way to be healthy and wise.
早睡早起使人健康聪明。

该例译文两次省略并列连词 and。

We knew spring was coming as we had seen a robin.
我们看见了一只知更鸟,知晓春天快要到了。

该译文省略表示原因的连接词 as。

If winter comes,can spring be far behind?
冬天来了,春天还会远吗?

该例译文省略了表示条件的连接词 if。

Chang one's mind the moment when one sees the new.
见异思迁。

该例译文省略了表示时间的连接词 when。

He left without saying a word.

他一句话都没说就走了。

当不定冠词表示数量"一"时,译文不可以省略。

Smoking is prohibited in public places.

公共场所不准吸烟。

该例译文省略了表示地点的前置词 in。

Hence,television signals have a short range.

因此,电视信号的传送距离很短。

该译文省略了动词 have。

(2)因修辞需要而减词。例如:

Temperatures range from 50℃ in the daytime to −10℃ at night and often it does not rain for a whole year or longer.

昼夜温差很大,白天最高气温高达到 50℃,夜晚最低则低至 −10℃,而且常常一年到头不下雨。

在本例中,for a whole year or long 直接译为"一年到头"即可。

此时,鲁小姐卸了浓妆,换了几件雅淡衣服,蘧公孙举眼细看,真有沉鱼落雁之容,闭月羞花之貌。

By this time Miss Lu had changed out of her ceremonial dress into an ordinary gown,and then Zhu looked at her closely, he saw that her beauty would put the flowers to shame.

该例中的"沉鱼落雁之容,闭月羞花之貌"对仗工整,结构匀称,读来音韵之美十足,所以译文为了保留其原来的语言特征,故将其译为 her beauty would put the flowers to shame,而对"沉鱼"、"落雁"、"闭月"省略不译。

他的家里很穷，但是他从小就认真读书，刻苦学习。

His family was very poor, but he worked hard at his studies
even in early childhood.

该例中的"认真读书"和"刻苦学习"指的是同一个意思，所以
没必要一一译出。

（三）音译法

将原文的发音直接转换成译入语相同或相近的语音，这种方
法叫作"音译法"。音译法多用于下列词语的翻译。

（1）翻译专有名词。例如：

Britain 不列颠
Diana 戴安娜
Marseillaise 马塞
William 威廉

（2）翻译外来商品。例如：

Coca-cola 可口可乐
Giant 捷安特
Sprite 雪碧
Vigor 伟哥（药名）；维格尔（电器）

（3）翻译新词。例如：[①]

Beatles 披头仕（甲壳虫）
club 俱乐部
humor 幽默

---

① 李建军. 新编英汉翻译[M]. 上海：东华大学出版社, 2004:115.

morphine 吗啡
Simmons 席梦思

二、句子的翻译技巧

(一)分句法与合句法

1.分句法

有时英语句中的个别词汇总令我们头痛,如果将其翻译出来,发现无处安放;如果不将其译出来,却无法忠实于原文。此时,我们就可以将其译成一个分句或一个单词。

(1)将原文中的单词译成一个句子,使原文中的一个句子变成两个或两个以上的句子。例如:

Incidentally,I hope to get better education in these countries than I can get here in the USA.

顺便提一下,我希望可以在这些国家得到比美国还好的教育。

本例中的副词 Incidentally 被译为单句"顺便提一下"。

(2)将原文中的一个短语译成句子,使原文的一个句子译为两个或两个以上的句子。例如:

Their power increased with their number.
随着人数的增加,他们的势力也得到壮大。

该例原文中的介词短语 with their number 被译为分句"他们的人数增加了"。

I do not know what I may appear to the world,but to myself

I seem to have been only like a boy playing on the seashore, and diverting myself in now and then finding a smoother pebble or a prettier shell than ordinary, whilst the great ocean of truth lay all undiscovered before me.

我不知道我在世人眼里是什么模样,但是我觉得,我一向就像个在海边玩耍的男孩,一会儿在这儿拾到一块特别光滑的鹅卵石,一会儿又在那儿捡到一个特别漂亮的贝壳,因而自得其乐,可是展现在我面前那个浩瀚的真理大海却依然尚未被探索。

该例使用分译法进行的翻译,将整个句子分成几个独立的分句来进行翻译,这种方式更加符合汉语的表达习惯。

2. 合句法

合句法就是将原文中两个或两个以上的简单句或一个复合句在译文中用一个单句来表达。合句一般有下列三种情况。

(1)将原文中两个或两个以上的简单句译成一个单句。例如:

His uncle had a small business in the city of Pisa. This city is in the north of Italy near the sea.

他的舅舅在意大利北部近海的比萨开小铺做生意。

该例将原文中的两个单句合译成了一个句子。

(2)将原文中的主从复合句译成一个单句。例如:

The flower is so beautiful that I cannot describe it with words.

我无法用语言来形容这朵花的美丽。

该例将原文中的 so … that 引导的主从复合句合译成一个单句。

(3)将原文中的并列复合句译成一个单句。例如:

It was in mid-July, and the repair section operated under the blazing sun.

在七月中旬,修理组的工作人员仍在骄阳下工作。

该例将原文中 and 连接的两个简单句合译成一个单句。

(二)从句的翻译

1. 名词性从句的翻译

名词性从句一般包括主语从句、宾语从句、表语从句以及同位语从句,其中前三种从句均可以按照原句顺序翻译出来,而同位语从句的翻译一般要先翻译主句,再翻译从句。例如:

What he told me was half-true.
他告诉我的是半真半假的东西而已。

该例由 what 引导的名词性关系从句被译为汉语"的"字结构作主语,What he told me 被译为"他告诉我的东西"。

I take it for granted that you will come and talk the matter over with him.
我想你会来跟他谈这件事情的。

该译文是按照原文顺序翻译出来的。

We two like to visit the Professor there.
我们两个想去那儿拜访教授。

该例的原文中 two 与 we 是紧密连接的,所以其译文也不需要变换位置。

2. 定语从句的翻译

在英语中,定语从句的位置及发展方向与汉语中具有类似功能的修饰语的位置及发展方向是不同的:英语定语从句作修饰语一般置于修饰语的后面,发展方向为向右;而汉语中这类修饰语一般位于被修饰词的前面,发展方向为向左。当英语定语从句翻译成汉语时,通常可以采用以下几种处理方式。

(1)限制性定语从句的翻译

①前置法。前置法是指将英语限制性定语从句翻译成带有"的"字的定语词组,并置于被修辞词之前,进而将复合句翻译成汉语的单句。例如:

Everything that is around us is matter.

我们周围的一切都是物质。

该例中的 that is around us 被译为"的"字结构"我们周围的"。

②后置法。当从句结构较为复杂,且译为汉语的前置定语又显得太长而不符合汉语的表达习惯时,译者就可以考虑使用后置法。例如:

She will ask her friend to take her son to Shanghai where she has some relatives.

她将请朋友把她的儿子带到上海,在上海她有些亲戚。

③溶合法。所谓溶合法,即将原句中的主句和定语从句溶合在一起翻译成一个独立的句子。例如:

There was another man who seemed to have answers and that was Robert McNamara.

另外一个人似乎胸有成竹,那就是罗伯特·麦克纳马拉。

该例运用了溶合翻译法取消了原句中主句的谓语动词,将含有定语从句的句子翻译成一个单句。

（2）非限制性定语从句的翻译

①前置法。例如：

The emphasis was helped by the speaker's mouth, which was wide, thin and hard set.

他喜欢热情快乐的妹妹，而不喜欢冷漠高傲的哥哥。

该例原文中的两个非限制性定语从句均被翻译成"的"字结构，在剧中充当前置定语。

②后置法。例如：

After dinner, the four key negotiators resumed the talks, which continued well into the night.

饭后，四位主要人物继续进行谈判，一直谈到深夜。

该译文将从句后置，并省略了关系词 which 代表的含义。

3. 状语从句的翻译

（1）时间状语从句的翻译

英语中的时间状语从句翻译成汉语时，可译为下面六种形式。

①译为表时间的状语从句。例如：

When the history of the Nixon Administration is finally written the chances are that his Chinese policy will stand out as a model of common sense and good diplomacy.

当最后撰写尼克松政府的历史时，他的对华政策可能成为懂得常识和处理外交的楷模。

由于 when 引导的从句的谓语动作是与主句谓语的动作在同一时刻或同一段时间发生的，所以译为"当……时"。

②译为"刚……就……"，"一……就……"结构。例如：

Hardly had we arrived when it began to rain.

我们一到就下雨了。

由于原句中的主句与从句的动作几乎是在同一时刻发生的，所以这里将其译为汉语的"一……就"结构。

He had hardly rushed into the room when he shouted,"Fire! Fire!"

他刚跑进屋里就大声喊："着火了！着火了！"

该例原句中的主句与从句的动作几乎也是同时发生的，所以可以译为汉语的"刚……就……"结构。

③译为"每当……"，"每逢……"结构。例如：

When I meet a word I don't know,consult the dictionary.

每当遇到不认识的字,我就查词典。

由于原文 when 在从句中的时间意义等同于 whenever,所以可以将其翻译成"每逢……"。

④译为"在……之前"，"在……之后"结构。例如：

When the firemen got there,the fire in their bedroom had already been poured out.

在消防员赶到之前,他们宿舍的火已被扑灭了。

该例原文从句的动作发生在主句动作之后,所以可以翻译成"在……之前"。

⑤译为条件复句。例如：

When you have driven Jaguar once,you won't want to drive another car.

只要你开过一次美洲虎牌汽车,你应该就不会再想开其他牌子的汽车了。

由于 when 连接的时间从句带有"条件"的概念,所以可以将从句翻译成"只要你开过一次美洲虎牌汽车"。

⑥译为并列句。例如:

They set her free when her ransom had not been paid.

还没等她交赎金,他们就释放她。

由于原文主句的动作是在从句当前的状态下发生的,所以讲起翻译成并列分句。

(2)原因状语从句的翻译

英语中的原因状语从句翻译成汉语时,一般可以译为下面两种形式。

①译为因果偏正句的主句。例如:

The perspiration embarrasses him slightly because the dampness on his brow and chin makes him look tenser than he really is.

额头和下巴上出的汗,使他看起来比实际上更加紧张些,因为出汗常使他感到有点困窘。

根据原文句子所蕴含的语义关系,其从句应翻译成汉语的主句,而主句则应该译为汉语的偏句。

②译为表原因的分句。例如:

The book is unsatisfactory in that it lacks a good index.

这本书不能令人满意之处就在于缺少一个完善的索引。

该句应译为相应的原因从句。

(3)条件状语从句的翻译

英语的条件状语从句译为汉语时,一般可以译为如下三种形式。

①译为表条件的状语分句。例如:

Given notes in detail to the texts,the readers can study by themselves.

要是备有详细的课文注释,读者便可以自学了。

given 引导的状语从句翻译成汉语时,可以译为汉语中的条件分句。

②译为表假设的状语分句。例如:

If the negotiation between the rich northerly nations and the poor southerly nations make headway,it is intended that a ministerial session in December should be arranged.

要是北方富国和南方穷国之间的谈判获得进展的话,就打算在 12 月份安排召开部长级会议。

该例原文是由 if 引导的从句,所以可以将其翻译成假设状语分句"要是北方富国和南方穷国之间的谈判获得进展的话"。

③译为表补充说明的状语分句。例如:

"You'll have some money by then,—that is,if you last the week out,you fool."

"到那时你该有点钱了——就是说,如果你能熬过这个星期的话,小子。"

该例原文中的 if you last the week out,you fool 被翻译成补充说明的分句"如果你能熬过这个星期的话,小子"。

(4)让步状语从句的翻译

英语中的让步状语从句在翻译成汉语时,可以译为下面两种形式。

①译为表让步的状语分句。例如:

Although he seems hearty and outgoing in public,Mr. Smith is a withdraw and introverted man.

虽然史密斯先生在公共场合是热情和开朗的,但是他却是一个性格孤僻、内向的人。

由 while 引导的状语从句,可以翻译成让步状语分句。这里的 while 就相当于 although。

②译为表无条件的状语分句。例如:

Whatever combination of military and diplomatic action is taken, it is evident that he is having to tread an extremely delicate tight-rope.

不管他怎么样同时采取军事和外交行动,他显然不得不走一条极其危险的路。

该例原文是由 whatever 引导的条件从句,所以这里可以将其翻译成无条件的状语分句。

(三)长难句的翻译

英语属于形合语言,所以经常使用长且复杂的句子,这些句子中的各成分环环相扣,借助词汇、语法、逻辑等手段联系在一起,从而使句子表达更加准确、严密,同时也为读者的阅读理解带来了难度。在翻译这类句子时,译者应该根据不同情况,采用不同的处理方式。

1.顺译法

所谓顺译法,是指当原文中长句的表达顺序与目的语的表达顺序一致时,可不改变原文语序和语法结构,译成目的语。但是,顺译不等于将每个词都按照原句的顺序翻译,因为英汉语言有时也会存在不对应的情况。例如:

As soon as I got go the trees I stopped and dismounted to enjoy the delightful sensation the shade produced: there out of its power I could best appreciate the sun shining in splendor on the wide green hilly earth and in the green translucent foliage above my head.

我一走进树丛,便跳下车来,享受着这片浓荫产生的喜人的感觉:通过它的力量,我能够尽情赏玩光芒万丈的骄阳,它照耀着开阔葱茏、此起彼伏的山地,还有我头顶上晶莹发亮的绿叶。

该例原文是一个带有时间状语从句的符合句,包含了多个意群。译文按照原文的顺序,使用了一系列表示时空顺序的词,如"一走进"、"便"、"通过"、"还有"进行翻译,属于顺译法。

2. 逆译法

当表示相同意思的英汉句子在表述顺序上存在较大差异,这时译者可以从后向前译,逆着原文的顺序进行翻译。例如:

Obviously, all the education will not put a real dent in the teenage smoking if we can't persuade our parents that they should set a good sample.

显然,如果不能说服年轻人,他们能够也必须掌握自己的未来;如果不能说服我们的家长,他们应当树立良好的榜样,那么所有对青少年进行的反对抽烟的教育,是不会有真正效果的。

英语表达一般是从结果到原因,先给出结论后做具体阐述;而汉语的表达习惯则是先叙述再给出结论,所以该译文调整了原句的结构,先提出两个 if 引导的条件从句,之后总结由此阐述的教育无效性,采用的是逆译翻译法。

3. 综合法

在翻译英语长句时,有时一种翻译方法无法解决所有的问题,此时译者就可以应该采用综合法,具体问题具体分析,根据每部分的特点选择对应的译法,一方面使译文更加忠实于原文,另一方面也便于目的语读者理解。例如:

Computer language may range from the detailed low level close to that immediately understood by particular computer, to the sophisticated high level which can be rendered automatically acceptable to wide range of computers.

计算机语言有低级也有高级的。前者比较烦琐,很接近于特定计算机直接能懂的语言;后者比较复杂,适应范围广,能自动为多种计算机所接收。

该例的译文没拘泥于原文的结构,而是在弄清英文原义的基础上,彻底摆脱了原文的语序和句子形式,对其进行了重组,这种译法更加符合汉语的表达习惯。

三、语篇的翻译技巧

(一)段内衔接

由于英汉语言之间的差异性,所以译者不能对原文段落中的句子进行死译,这样会造成文章的逻辑线索或脉络混乱、不清晰,译文有如断线残珠,四下散落。

每一个连贯的语篇都有其内在的逻辑结构。因此,译者在翻译时也需要对语篇脉络进行分析,将语篇中的概念进行连接整合,进而使译文能够逻辑清晰,顺序明确。

在具体的语篇翻译过程中,译者可以选择不同的技巧处理其内部的衔接和整合。

1. 替代与重复译法

通常来说,英语段落一般是依靠词语的替代来进行句子与句子之间的呼应,即使用代词、同义词、近义词以及代替句型等来替换前文出现过的词语;而在汉语句子中,句与句之间的呼应往往由重复的词语来完成。因此,在英译汉时,译者应对原文中替代的部分采用重复的手法来翻译,即通过重复实现译文的段内衔接。例如：

Wrought iron is almost pure iron. It is not frequently found in the school shop because of its high cost. It forges well, can easily be bent hot or cold, and can be welded.

熟铁几乎就是纯铁。熟铁在校办工厂里不太常见，因为价格很贵。熟铁好锻，很容易热弯和冷弯，还能够焊接。

在该例的原文中，代词 it 替代了 wrought iron，实现了句子之间的衔接。在译文中，译者通过重复的手法来进行句子之间的衔接，即重复使用"熟铁"这一词语。

2.连接性词语或词组的译法

在对篇章结构梳理的过程中，译者通过会发现很多连接性词语或词组。对具有连接作用的词语和词组的分析可以更好地理顺文章脉络，所以对这些词语和词组的译法进行掌握非常有必要。

英语中包含大量的连接词或词组。

（1）表示举例或特指的 for example, for instance, in particular, specially 等。

（2）表示转折的 but, however, nevertheless 等。

（3）表示频率的 often, frequently, day after day 等。

（4）表示方向的 forwards, backwards, in front of, behind 等。

通过这些连接词或词组的使用实现段内或段落之间的衔接与连贯。对于这些词的译法并没有统一的标准，有时会出现一词多译的现象，翻译时译者要根据上下文以及译入语的表达习惯进行灵活翻译。例如：

I woke up the next morning, thinking about those words—immensely proud to realize that not only had I written so much at one time, but I'd written words that I never knew were in the world. Moreover, with a little effort, I also could remember what many of these words meant. I reviewed the words whose meaning didn't remember. Funny thing, from the dictionary first page right now, that aardvark springs to my mind. The dictionary had a picture of it, a long-tailed, long-eared, burrowing African mammal, which lives off termites caught by sticking out its tongue as an anteater does for ants.

第二天早晨醒来时,我还在想那些单词。我自豪地发现不仅自己一下子写了这么多,而且以前我从来不知道世界上存在着这些词。并且,稍加努力,我也能记住许多单词的意思,随后,我复习了那些难记的生词。奇怪的是,就在此刻,字典第一页上的一个单词 aardvark(土豚)跃入了我的脑中。字典上有它的插图,是一种生长在非洲的长尾、长耳的穴居哺乳动物,以食白蚁为生,像大食蚁兽一样伸出舌头捕食蚂蚁。

3. 省略部分的译法

省略现象在英汉语言中都很常见。通常情况下,英语按语法形式进行省略,如省略名词、动词、表语、主谓一致时的主语或谓语等。而汉语则往往按上下文的意义进行省略,包括省略主语、谓语、动词、关联词、中心语和领属词等。

相对于英语而言,汉语的省略现象非常普遍,且其省略标准也很复杂,不易掌握。汉语中的一些省略现象实际上并不能算是省略,如果将其"省略"的部分补上,语句反而会显得别扭,但是在汉译英时一般要将这些省略部分补上。由于英语属于重形合的语言,而汉语属于重意合的语言,所以从英汉对比的角度来看,英译汉时,许多英语原文中省略的部分,在相应汉语译文中就不能省略。例如:

A man may usually be known by the books he reads as well as [...] by the company he keeps; for there is a companionship of books as well as […] of men；and one should always live in the best company，whether it be […] of book or […] of men.

要了解一个人，可以看他交什么样的朋友，可以看他看什么样的书，因为有的人跟人交朋友，有的人跟书交朋友，但不管跟人交朋友还是跟书交朋友，都应该交好朋友。

该例原文中共有四处省略现象。第一处省略了谓语 be known，第二处省略了名词短语 a companionship，第三处和第四处省略了名词短语 the best company。总的来说，这些省略均是语法层面的省略。对应汉语译文中将这些省略部分都补充了出来，使译文读起来更为通顺、流畅。

（二）段际连贯

语言片段以语篇意向为主线所形成的语义上、逻辑上的连贯性称作"段际连贯"。同段内衔接一样，段际连贯也可以通过替代、重复、连接词的使用、省略等手段来实现，也可以通过一定的时空，逻辑关系的贯通来实现。因此，译者在翻译的过程中，必须把每个词、每句话都放在语篇语境中去考虑，正确推断上下文的逻辑关系，领会作者的意图，适当遣词，从而保证译文的意思清晰、明了。例如：

When I first started to look into the origins of the symbol，I asked a Turk about the history of their flag…

As an explanation，however，this is at odds with astronomical data…

The rejection of this hypothesis on astronomical grounds is strongly supported by historical information that…

Going back in time，the next set of three hypotheses involves the fall of Constantinople on 29 May 1453…

The astronomical explanation associating the star and crescent with the fall of Constantinople must all be wrong. But there is also strong evidence for the use of the symbol throughout the Middle East at least as far back as the founding of Islam. For example…

我在开始研究星月图案起源的时候就曾问过一个土耳其的学生,他们国旗上星月图案的由来……

但是,这位学生的说法和天文资料的记载不太一样。据天文资料记载……

从这一资料的记载可以断定,这位土耳其学生的说法不成立……

从历史来看,人们对星月图案,还有三种说法,并均与1453年5月29日君士坦丁堡的陷落有关……

将星月图案的出现与君士坦丁堡的陷落联系在一起就是牵强附会。有确凿的证据表示:星月图案在整个中东地区的出现至少能追溯到伊斯兰教诞生之前。例如……①

该例原文中使用了替代的手法来实现各段之间的衔接,如用 the symbol 替代 the star and crescent,用 this,this hypothesis 来替代 the origins of the symbol。其译文主要是靠重复的手段实现文章的连贯。

需要指出的是,翻译时为了使译文条理更加清晰,易于译入语读者理解,译者需要改变原文的结构形式,对原文的段落进行适度的拆分与合并。例如:

He was a little man,barely five feet tall,with a narrow chest and one shoulder higher than the other and he was thin almost to emaciation. He had a crooked nose,but a fine brow and his colour was fresh. His eyes,though small,were blue,lively and penetrating. He was natty in his dress. He wore a small blond wig,a

① 张春柏.英汉汉英翻译教程[M].北京:高等教育出版社,2003:193-194.

black tie, and a shirt with ruffles round the throat and wrists; a coat, breeches and waistcoat of fine cloth, gray silk stockings and shoes with silver buckles. He carried his three-cornered hat under his arm and in his hand a gold-headed cane. He walked everyday, rain or fine, for exactly one hour, but if the weather was threatening, his servant walked behind him with a big umbrella.

他个头短小,长不过五尺,瘦骨伶仃,身板细窄,且一肩高一肩低。他长着一副鹰钩鼻子,眉目还算清秀,气色也还好,一双蓝眼睛不大,却迥然有神。他头戴金色发套,衣着非常整洁:皱边的白衬衣配一条黑色领带,质地讲究的马甲外配笔挺的套装,脚着深色丝袜和带白扣的皮鞋。他腋下夹顶三角帽,手上挂根金头拐杖,天天散步一小时,风雨无阻。当然落雨下雪时自有仆人亦步亦趋,为他撑伞。

在翻译该语段时,如果译者不能对原文重新进行分段整合,那么译文的条理就会非常混乱,进而会阻碍读者对原文的理解。基于此,译者对原文进行了适当的分段处理,将"他"的外貌描写作为一段,将"他"的行为描写作为另一段,这样就可以使译文的层次更加分明,条理更加清楚。

(三)语域一致

语域即语言因使用的场合、交际关系、目的等的不同而产生的语言变体,其主要涉及口头语与书面语、正式用语与非正式用语、礼貌用语与非礼貌用语等方面。

语域是篇章翻译中不可或缺的一个内容,一篇好的译文既要将原文的意义准确、完整地译出来,又要恰当地再现原文的语域特点。例如,给不同的人写信,语气就不相同,所以写信人与收信人的亲疏关系就可以从信的字里行间中透露出来。因此,译者在翻译过程中应该了解与把握这种语域区别,以便准确地再现原文的意图。例如:

Dear Peter,

Sorry to trouble you, but I've got a bit of a problem with that necklace I lost. They've found it but don't want to send it back—they expect me to come and pick it if you please! I've written to their head office in London, but do you think there would be any chance of your picking it up for me next time you're in Brighton on business? If you can do it, phone me in advance so that I can authorize them to give it to you. You'd think it was the Crown Jewels, the way they're carrying on!

Best wishes,

Mary

彼得:

麻烦你一件事,我遗失的项链出了个小问题。他们已经找到,但不愿寄给我——让我自己去取,竟有这事! 我已经写信到伦敦总店,但不知你下次到布莱顿出差时是否可能帮我代取一下? 如可行,事先给我个电话,我好授权让他们交给你。他们煞有介事,你准以为是凤冠霞帔呢!

安好

玛丽

该信函使用了非正式的格式,语气平易亲切,句法口语化,简单易懂。由此可见,这封信是写给朋友的。因而,译文中也使用了口语化的语言,以实现原文的表达效果。

如果原文是正式的公函,那么在翻译时就要使用正式的语言表达方式。例如:

Dear Sirs,

You will be interested to hear that we have recently developed a new kind of bicycle, which is selling very strongly on the home market.

Because of its success in this country, we thought there might be sales potential abroad, and we would welcome your advice as to whether, in your opinion, there is a market in your district.

If you agree, we shall be glad to supply you with our samples for you to show to customers. You will find enclosed an order form in case you wish to make an immediate order.

We look forward to hearing from you soon.

Yours faithfully,

敬启者：

相信您会有兴趣了解我们近期开发的新型自行车，这种新型自行车目前在国内市场上极为畅销。

由于国内市场的成功，我们认为它在国外市场亦具有销售潜力。我们愿意知道您认为此项产品在贵区域是否有良好的销路。

如果贵公司同意，我们很高兴提供样品，以便于您向顾客展示。若是您愿意立即订购，请利用随函所附的订购单。

期盼您的快速回音。

敬上

这是一篇正式的商务公函，所以译文也采用了正式的措辞方式，以准确传达原文的语气。

通过上面的分析可以得知，在进行具体的语篇翻译实践过程中，译者既要强调英汉两种语言在句式和篇章结构等方面的差异，又要注意对文章中字词句的翻译，从整体上把握语篇的连贯性和语域等问题。这样两手兼顾，才能翻译出符合译入语语言习惯的译文。

第四节　文化差异对英汉翻译教学的启示

一、翻译教学的现状

(一)英语翻译教材内容受限

当前,学生使用的多数翻译教材存在一个共性问题,即说明性和科技型较强的文章比重较大,多为"骨架"式,忽视了语言形式的文化意义。翻译教材中涉及的英语文化,尤其是有关英语国家价值观、思维方式、民族心理等方面的材料很少。这就使学生在学习翻译过程中对非语言学形式的西方文化因素了解甚少。

(二)翻译教师的文化意识淡薄

教师因素是文化翻译教学能否落实到实处的重要因素。英语翻译教学仍停留在翻译词汇、语法层面上,几乎不涉及文化。造成这一结果的原因有很多:首先是翻译教师自身接受的翻译教育就是传统的"骨架知识"教学,所以其观念也就难以得到矫正。在英语翻译课堂教学中,多数教师仅注重学生对某些词汇、语法点的翻译,却很少教授怎样如何更好地完成跨文化交际活动,对英汉文化知识的渗透十分有限,也很随意所欲,点到即可,缺乏一定的系统性和条理性。一些翻译教师认为学生能准确翻译出词汇和语法等基本语言点就够了,不需要引入一些文化知识;一些教师认为学生学习英语翻译,仅掌握其正确翻译的方法即可,进而忽视了语言中文化因素的所起的租用;更有一些教师认为传授文化知识会加重学生翻译学习的负担,不会将课堂上宝贵的时间花在文化教学上,所以放弃了文化知识的传授。另外,教师也属于非母语学习者,缺乏英语学习的大环境,所以其掌握的跨文化知识也非常零散;并且由于教师的教学任务过于繁重,没有太多时间和精力用在文化差异研究上。

(三)学生缺乏跨文化交际意识

我国学生进行英语学习的主要目的是为了通过考试,因此考试是学生英语学习的指挥棒。在这种意识的指导下,学生对文化学习的意识非常淡薄,认为跨文化学习是一种浪费学习精力的行为,并不能提高英语考试的成绩。

由于学生的跨文化意识淡薄,虽然在应试教育中会取得一定的成绩。但是英语实用能力与交际能力却相对较弱。中国学生存在的"哑巴英语"现象便是普通语言知识教学的重要产物。

二、翻译教学的内容与目标

(一)翻译教学的内容

翻译教学的内容主要包括:翻译基本理论、英汉语言对比、常用的翻译技巧。

(1)翻译基本理论。翻译的理论知识主要涉及对翻译活动本身的认识、了解翻译的过程、标准、翻译对译者的要求、工具书的使用等。

(2)英汉语言对比。对英汉语言的对比既包括语言层面的内容,又涉及文化层面和思维层面的对比。在语言层面上,主要是对英汉语言的语义、词法、句法、文体篇章进行比较,发现它们的异同。对英汉文化、思维的比较,利于更加准确、完整、恰当地传达原文的信息。

(3)常用的翻译技巧。翻译中的常见技巧有语序的调整、正译与反译、增补语省略、主动与被动、句子语用功能再现等。

(二)翻译教学的目标

《大学英语课程教学要求》提出的翻译教学目标如下。

一般要求：

(1)学生可以借助词典对题材熟悉的文章进行英汉互译。

(2)学生的英汉译速可以达到每小时约 300 个英文单词,汉英译速可以达到为每小时约 250 个汉字。

(3)学生的译文可以基本准确,没有重大的理解和语言表达错误。

较高要求：

(1)学生可以摘译所学专业的英语文献资料。

(2)学生可以借助词典翻译英语国家的大众性报刊上题材较为熟悉的文章。

(3)学生的英汉译速应达到每小时约 350 个英语单词,汉英译速应达到每小时约 300 个汉字。

(4)学生的译文通顺达意,理解和语言表达错误较少。

(5)学生可以使用适当的翻译技巧。

更高要求：

(1)学生可以借助词典翻译所学专业的文献资料与英语国家报刊上带有一定难度的文章。

(2)学生可以翻译介绍中国国情或文化的文章。

(3)学生的英汉译速可以达到每小时约 400 个英文单词,汉英译速可以达到每小时约 350 个汉字。

(4)学生的译文内容准确,基本没有错误、漏译,文字通顺达意,语言表达错误较少。[①]

三、文化差异对翻译教学的启示

(一)提升学生英语文化知识水平

从当前的英语教学翻译教学现状来看,很多学生仅注重对专

---

① 教育部高等教育司. 大学英语课程教学要求[M]. 北京:外语教学与研究出版社,2007:2—4.

业课的学习,全面照搬课本上的知识,对英美国家的文化知识了解甚少。因而,在翻译过程中一旦遇到文化问题,学生就会手足无措,出现误译的情况。然而,翻译涉及众多学科与领域,若不具备该领域一定的基础知识将很难理解文本,也就很难翻译得准确。有限的词汇量、狭窄的知识面、匮乏的文化背景知识均是阻碍学生翻译水平提升得因素。

基于以上问题,很多院校纷纷开设了涉及西方文化以及文学方面的选修课,旨在扩大学生的知识面,激发学生对外国文化的兴趣,培养学生的文化差异意识。在具体的翻译教学中,教师还应将英美文化知识和教学内容有机地结合起来,增强学生对英语中所包含的文化现象的认识和理解,从而提高他们在翻译中处理文化问题的能力。

此外,教师还应有意识地选用一些包含文化知识、涉及文化差异的教材,并利用一切策略、资源来帮助学生置身于跨文化交际的真实情景中,体会英语的具体使用,以便使学生能更加忠实、准确地再现原文的思想意图。

(二)夯实学生的语言功底

由于翻译是一种语言转换为另一种语言的活动,所以要想译出好的作品就必须在两种语言之间寻找最佳的信息匹配方式。如果没有强大的双语基本功作支撑,那么学生既无法深刻体会源语言的信息,又无策略将其有效地通过目的语表达出来,翻译的质量就会大打折扣。例如:

He identified himself with the masses.

Enjoy the luxury of doing good.

It is two years come Christmas.

要理解以上三个句子并不难,难的是如何用符合汉语表达习惯的话语将其内涵传达出来。下面是以上三个句子对应的译文。

他和群众打成一片。

以行善为乐。

到今年圣诞时就是两年了。

在先进的英语翻译教学中,教师通常只关注提高学生的英语水平,而忽视了学生的汉语水平。著名翻译家陈廷佑曾指出,能不能译出来取决于译者的英文功底,而译得好不好则取决于译者的汉语功底。因此,加强培养学生的汉语语言功底具有十分重要的意义,要让学生熟悉汉语行文特征,了解汉语的表达习惯,这样才能在翻译过程中体现、发扬汉语语言传统,创造出更加完美的译文。

(三)积极开展网络教学与第二课堂教学

从目前来看,我国的英语翻译教学仍沿用着传统的教学策略和教学工具。在科技、经济、生活发生巨大改变的今天,传统的教学策略与工具已经无法更好地提升学生的翻译能力。基于此,教师应积极主动地探索新的翻译教学策略与教学工具并身体力行。

互联网是一种信息技术,是IT,是信息传播、整理、分析、搜寻的一种技术,其主要任务是传递信息。互联网中存储海量的信息,且这些信息、资源的更新也非常及时。因此,在翻译教学中教师应充分发挥互联网的优势,将网络作为翻译课堂教学的补充,"既可以实现由教师现场指导的实时同步学习,也可以实现在教学计划指导下的非实时自学,还可以实现通过使用电子邮件、网上讨论区、网络通话等手段的小组合作型学习等"。[①]

另外,由于翻译课堂时间十分有限,所以教师还应在课下开展一些有益学生增加文化知识、提高翻译水平的活动,如要求学生阅读英文原版书刊、杂志等;观看英文电影、电视,听英文广

---

① 宋莹.如何解决大学英语翻译教学中的文化差异问题[J].外语教学与研究,2009,(17):102.

播等。

（四）注重对学生文化差异意识的培养

加强学生的文化差异意识,对其更好地处理翻译中的文化差异问题,提高翻译能力,改善翻译教学的质量有重要意义。具体来说,教师可从以下几个方面着手。

1. 自然因素引起的文化差异教学

自然环境对人类生产生活有着较大的影响,这些影响也必然反映在其语言中。而中国和英美国家所处的自然环境不同,因而各自语言中有关自然环境的语言表达所具有的文化含义也有所区别,其主要体现在自然、植物、动物、数字、颜色等客观文化现象的差异上,这个我们会在随后的章节中详细介绍。例如:

Shall I compare thee to a Summer's day? Thou art more lovely and temperate.

本句出自莎士比亚的十四行诗,诗人将恋人比作 a Summer's day。中国的夏天常常令人炙日难耐,心情烦闷,因此中国读者在理解这句话时常感到困惑。实际上,英国四周环海,纬度较高,夏天时太阳早上 4 点升起,晚上 10 点落下,平均温度约 20 度。因此,英国的夏季景色秀丽、凉爽宜人,这也就难怪诗人将恋人比作夏日了。翻译时若缺乏这方面的知识就很容易出错。再如:

spend money like water 挥金如土

中国位于亚洲大陆,土地面积辽阔,"土"是人们生活中最依赖、最常见的事物,所以汉语中形容花钱大手大脚的词语是"挥金如土"。而英国是个岛国,其航海一度领先世界,人们对于海洋、海水的意识更加深刻,因此在表达相同意思是使用了 spend money like water。

所以,教师只有让学生了产生差异的文化因素,学生才能更准确地理解原文,并将原本的真实含义传递给目的语读者。

2.历史、宗教因素引起的文化差异教学

历史、宗教上的重要人物、事件等往往会反映其本民族的语言之中,从而产生了不同民族的文化差异。这一因素带来的差异主要体现在修辞文化和习语文化等语言文化方面这些会在以后章节中详细说明。在翻译过程中,学生只有对各自不同的文化积淀有所了解,才能准确辨别翻译中的文化问题,进而采取有效的对策,实现忠实、通顺的翻译。

中国深受佛教影响,因此汉语中有很多和佛有关的习语。例如:

半路出家

借花献佛

临时抱佛脚

不看僧面看佛面

苦海无涯,回头是岸

跑得了和尚跑不了庙

人争一口气,佛争一柱香

救人一命胜造七级浮屠

泥菩萨过河——自身难保

在英美国家,人们大多信仰基督教,因而英语中和 God(上帝)有关或和《圣经》有关的表达也很多。例如:

a doubting Thomas 多疑的托马斯

a wolf in sheep's clothing 披着羊皮的狼/貌善心恶的人

beat the air 击打空气

Judas's kiss 犹大之吻

Paradise lost 失乐园

the elect of God 上帝的选民

the Judgment Day 最后审判日

the lost sheep 迷途的羔羊

在翻译教学中,教师应有意识地教授一些相关的历史、宗教背景知识,以帮助学生准确地译出原文。

3. 风俗不同引起的文化差异教学

英汉民族有各自特别的习俗和对事物的认识。这种差异在语言中的一个重要表现就是那些包含动物的词语褒贬含义不同。

例如,"龙"是中国神话中的动物,大约是从秦始皇开始,就有把帝王称之为龙的说法。汉朝以后,龙就成了帝王的象征。汉语中有许多含有"龙"的成语都是褒义的成语,如"真龙天子"、"蛟龙得水"、"龙凤呈祥"等。经历了上千年的演变和发展,龙的形象已经成为中华民族的象征,海内外的炎黄子孙仍骄傲地自称为"龙的传人"。但是,英语中的 dragon 是一种形似巨大、长着翅膀、有鳞有爪、口中喷火的、替魔鬼看守财宝的凶悍怪物,因而是邪恶的代表和恶魔的化身。由此可见,龙与 dragon 虽然都是神话中的动物,但它们的文化内涵却相去甚远。风俗不同引起的文化差异主要体现在人们日常需求方面的服饰、居住文化方面。

总之,教师要重视这些由不同民族的生活习俗引起的文化差异,以使学生能够妥善处理词语所具有的不同文化内涵,做出正确翻译,实现跨文化交际的目的。

4. 思维方式不同引起的文化差异教学

英汉民族往往因为对同一事物的看法、理解不同而在各自的语言中有着不同的表达方式。思维方式的差异可以说是文化差异的根源。它几乎可以包罗或解释中西文化差异的各个方面。例如:

It is impossible to overrate the significance of the invention.

　　不了解英语表达习惯和思维方式的学生很可能将其译为"过高评价这项发明的意义是不可能的",但这和原文的含义相去甚远。原文含义的重点不是过高地评价不可能,而是这个事物本身就不值如此好评,因此正确译文应为"这项发明的意义再怎么评价也不会太高"。

　　可见,在翻译教学中,英汉思维方式引起的文化差异教学同样重要。学生只有了解并把握了英汉不同的思维方式才能译出地道的文字。

第四章 自然、植物、动物、数字和 颜色文化翻译教学

大自然是与人类社会相区别的物质世界。植物、动物、数字、颜色又是由这一世界衍生出来的不同物质,它们是与人类社会长期共存的伙伴,与人类的生活与情景息息相关。本章就对跨文化视角下的自然、植物、动物、数字和颜色文化翻译教学展开讨论。

第一节 自然文化翻译教学

一、"月亮"(moon)文化及翻译

"月亮"无论在中西方文化中都有着丰富的意象。但同样的月亮和月光在中西方人心目中却有着不同的理解和联想。

对于英美国家的人来说,月亮总能使他们想起尼尔·阿姆斯特朗乘坐阿波罗Ⅱ号 1969 年 7 月 20 日首次登月的情景,还有一句名言:"That's one small step for a man, one giant step for mankind."(对一个人是一小步,对人类是一大步。)①

在汉语文化中,明月常常使人产生思乡之情。例如:

> 峨眉山月半轮秋,
> 影入平羌江水流。

---

① 白靖宇. 文化与翻译(修订版)[M]. 北京:中国社会科学出版社,2010:100.

夜发清溪向三峡,

思君不见下渝洲。

（李白《峨眉山月歌》）

随着中西方文化的不断交流与融合,西方人基本上可以理解和接受中国人对月亮的寄托。因此,将"月亮"译成英语时,西方人可以在直译的基础上灵活处理,并能将其意象表达出来。例如:

静夜思

李白

床前明月光,疑是地上霜。

举头望明月,低头思故乡。

译文 1:

NIGHT THOUGHTS

I wake,and moonbeams play around my bed,

Glittering like hoar-frost to my wandering eyes;

Up towards the glorious moon I raise my head,

Then lay me down—and thoughts of home arise.

（Giles 译）

译文 2:

NIGHT THOUGHTS

In front of my bed the moonlight is very bright.

I wonder if that can be frost on the floor?

I lift up my head and look at the full moon,the dazzling moon.

I drop my head,and think of the home of old days.

（Amy Lowell 译）

译文 3:

IN THE QUIET NIGHT

So bright a gleam on the foot of my bed—

Could there have been a frost already?

Lifting myself to look, I found that it was moonlight.

Sinking back again, I thought suddenly of home.

（Witter Bynner 译）

上面三个译文分别将"月亮"、"月光"译成了 moon, moon-light,并表达出了"月亮"、"月光"的深层含义——思乡之情,使读者感同身受。

二、"东风"（east wind）和"西风"（west wind）文化及翻译

east wind 与"东风"是完全对应的两个词,但它们的化意义却完全不同。在英美文化中,人们一见到 east wind 就会联想到刺骨的寒风,如 a keen east wind（James Joyce）; biting east winds（Samuel Butler）; a piercing east wind （Kirlup）; How many winter days have I seen him, standing blue nosed in the snow and east wind（Charles Dickens）。可见, east wind 在西方人眼中并不是惹人喜爱的事物。

然而,在中国,"东风"是指"春风",象征着"春天"和"温暖",它吹绿了中华大地,使万物复苏,故有"东风报春"的说法,所以中国人偏爱东风。与东风有关的诗句也有很多,如陈毅《满江红》:"喜东风浩荡海天宽,西风落。"郭沫若《新华颂》:"多种族,如弟兄,千秋万岁颂东风。"另外,还有人将东风比喻成"革命的力量或气势"。

东风在中西方文化中的巨大差异,决定了其翻译时应该采取一定的策略。例如:

春思

贾至

草色青青柳色黄,

桃花历乱李花香。

东风不为吹愁去,

春日偏能惹恨长。

The yellow willow waves above；the grass is green below.

The peach and pear blossoms in massed fragrance grow.

The east wind does not bear away the sorrow at my heart.

Spring's growing days but lengthen out my still increasing woe.

(Feltcher 译)

该例原文中的"东风"被直译成 east wind。这种译法最为恰当，因为直译可以将原文文化和风格充分地展现出来，而且随着中西方文化交流的不断深入，大多数读者都知道"东风"在中西文化中的差异，所以直译基本上不会使读者产生误解。再如：

绮窗人在东风里，无语对春闲。也应似旧，盈盈秋水，淡淡春山。

(阮阅《眼儿媚》)

By the green window

The lady sits in the east wind gentle.

Speechless，she faces spring idle.

All should be as of old：

Pools of limpid autumn water—her eyes.

Distant hills in springtime—her brows.

(龚景浩 译)

虞美人

李煜

春花秋月何时了？

往事知多少？

小楼昨夜又东风，

故国不堪回首月明中。

雕栏玉砌应犹在，

只是朱颜改。

问君能有几多愁？

恰似一江春水向东流。

译文1：

The Lost Land Recalled

Tune："The Beautiful Lady Yu"

When will there be no more autumn moon and spring flowers

For me who had so many memorable hours?

My attic which last night in vernal wind did stand

Reminds me cruelly of the lost moonlit land.

Carved balustrades and marble steps must still be there.

But rosy faces cannot be fair.

If you ask me how much my sorrow has increased,

Just see the over brimming river flowing east!

（许渊冲　译）

译文2：

Yumeiren

Too long the autumn moon and spring flowers last.

I wonder how much they've known of my past.

Last night spring breezes through an upper room—

Reminds me too much my present gloom.

With a bright moon, how could I my country recall—

Without a sense of defeat and despair at all.

The Palace should be still there as before—

With its carved railings; jade-like steps galore.

Only here are changes which my plight entail.

My complexion, once ruddy, had become pale.

Should I be asked how much anguish I have found,

Strange! It is like flowing water, eastward bound.

（忠杰　译）

上述两个译文均采用了意译的手法,将汉语诗句中的"东风"分别译成了 vernal wind 和 spring breezes。再如:

凭栏垂绛袖,倚石护青烟。对立东风里,主人应解怜。

(曹雪芹《红楼梦》)

译文1:

With crimson sleeves one sweeps the balustrade,

One,misty green,is by the rocks arrayed.

Facing each other in the soft east wind

They surely bring their mistress peace of mind!

(杨宪益、戴乃迭 译)

译文2:

Some from the trellis trail their purple sleeves,

Some lean on rocks,where the thin mists cool their leaves,

Their mistress,standing in the soft summer breeze,

Finds quiet content in everything she sees.

(霍克斯 译)

相对于东风,西风在英美人看来是温暖的,它象征着春天即将到来,生命即将诞生,深受英国人的喜爱。因此,很多英语诗歌都喜爱赞美西风。例如:

O,wind,

If winter comes,can spring be far behind?

啊,西风,假如冬天已来临,春天还会远吗?

这句诗源自英国诗人雪莱的《西风颂》中最后一句,其采用直译法充分表达了诗人对美好未来的憧憬和坚定的信念。再如:

It's warm wind,the west wind,full of birds' cries

I never hear the west wind but tears are in my eyes,

For it comes from the west lands,the old brown hill,

And April's in the west wind, and daffodils.

那是一种温暖的风,西风吹时,万鸟争鸣;

一听西风起,我眼眶中泪盈盈,

因为它是来自西土,那褐色的故乡边,

春天就在西风中到来,还有水仙。

该例源自英国诗人约翰·梅斯菲尔德(John Masefield)的 *The West Wind*(《西风颂》)。诗人借用 the west wind 充分地表达了对故乡的思念。译文采用直译法将译者的心情表达得淋漓尽致。又如:

在汉语文化中,西风带有寒冷的意思。例如,许浑在《早秋》中的"遥夜泛青瑟,西风生翠萝。残萤栖玉露,早雁拂金河。"另外,西风在汉语中还象征着势力,如贺敬之在《伟大的祖国》的"看牛鬼蛇神,正节节溃败,东风浩荡西风衰。"

一般来说,将"西风"翻译成英语时,多采用直译法,即 west wind。例如:

对西风、鬓摇烟碧,参差前事流水。

(朱嗣发《摸鱼儿》)

The west wind blows,

And ripples my hair

And the smoke blue;

Like running stream, past joy or sorrow flows.

莫道不消魂,帘卷西风,人比黄花瘦。

(李清照《醉花阴》)

Say not that I am void of tender sense;

The west wind, rolling up the bind, knows

My face is thinner than chrysanthemums.

当然,有时将"西风"译为英语时,也可以采用意译法。例如:

西风乍紧,初罢莺啼。

(曹雪芹《红楼梦》)

The autumn wind was chilly. And the song of golden orioles had ceased.

(杨宪益、戴乃迭 译)

第二节　植物文化翻译教学

一、英汉植物文化概述

花卉、树木几乎在任何一个国家和民族都受到人们的喜爱。在我们的日常生活中,植物总能给我们带来愉悦的心情。各种千姿百态的造型和颜色应该是大自然赐予人类最好的礼物之一。然而受地理环境的影响,不同地域适宜生长的植物也有所不同。另外,收到各个国家的文化传统与观念的影响,各种植物在不同国家又有着不同的文化内涵。下面仅对中西方部分植物的文化进行比较。

(1)牡丹。牡丹在西方文化中被视为魔力之花,人们关注的更多的是它的药用价值,而非美学价值。

然而,在汉语文化中牡丹是富贵、华丽、高雅的象征。这些象征意义在我国的传统工艺、美术作品中随处可见。另外,牡丹在我国古代诗歌中也是经常被描绘、咏颂的对象,从中可以看出中国人赋予牡丹的特殊内涵及对牡丹的偏爱。

(2)荷花。在英语文化中,lotus 具有懒散、舒服、无忧无虑的含义,如 lotus eater(过着懒散舒服生活的人),lotus-eating(醉生梦死、贪图安逸的行为),lotus land(安乐之乡),a lotus life(懒散、悠闲和无忧无虑的生活)等。

相反,在汉语文化中,荷花(也称"莲")多为好的象征意义。

首先，"莲"因出淤泥而不染，象征洁身自好的品质。莲花、荷花因而也有着"花中君子"的美誉。也是中国古今文学中常出现的意象。例如，唐代诗人温庭筠的《莲》："绿塘摇艳接星津，轧轧兰桡入白萍。应为洛神波上袜，至今莲蕊有香尘。"另外，由于荷花本身就具有美丽的外表，出尘脱俗的气质，所以常被用来形容女子的娇美。例如，唐代诗人王昌龄的《越女》写道："摘取芙蓉花，莫摘芙蓉叶。将归问夫婿，颜色何如妾？"。

（3）玫瑰。玫瑰在西方是一种极为常见的花。玫瑰花的美丽与色彩将使其成为语言中比喻的对象。具体来说，玫瑰在英语文化中主要有四种象征意义。首先，玫瑰象征着美丽与爱情。其次，玫瑰还象征着健康、温和、欢乐、顺利、乐观等。例如，treat with rose（用温和的办法对待），come up roses（指事情发生顺利、成功），there is no rose without a thorn（没有十全十美的事）等。再次，玫瑰还象征王朝。在英国历史上的英格兰兰开斯特王朝曾用红玫瑰作为其王朝的象征标志。而约克王朝则选用白玫瑰作为其标志。于是人们就将这两个王朝之间所爆发的战争被为玫瑰之战。最后，玫瑰也象征着安静、私下、秘密。对于这一点有多种解释。一般认为这是欧洲地区一种由来已久的风俗。从古罗马神话一直到近代，人们用玫瑰的图案来表示保持沉默、守密的含义。通常，餐桌上和会议厅天花板上所雕刻的玫瑰花图案提示人们这里的谈话不得外露。

在中国，"玫瑰"又名"月季"，与其在西方的地位相比，中国人对它并没有太多的怜爱。即便如此，玫瑰还多是以美丽的外表、迷人的香味得到了一些诗人、作家的欣赏。例如，《红楼梦》中写道："三姑娘的浑名儿叫'玫瑰花儿'，又红又香，无人不爱，只是有刺扎手……"，"送人玫瑰，手留余香"喻指"为别人提供方便，自己也能留下好名声。"

随着时代的发展、中西方文化的融合，"玫瑰"在汉语中也有开始象征爱情。

（4）竹子。英语中的 bamboo 一词几乎没有什么特殊的联想意义,甚至该词词本身也是从其他语言中借用过来的。这是因为竹子主要生长在亚洲热带地区,所以西方人对其不是太熟悉,其通常只是一种植物的名称,并不能引起西方人的丰富联想。

在中国古代,人们用竹子作为书写记载的工具,如竹简。竹简对中国文字记录做出了巨大贡献。另外,竹子还被用来表示人的品格。例如,竹子空心代表虚怀若谷的品格;竹子不畏霜雪、四季常青,象征着顽强的生命和青春永驻;竹子的枝弯而不折,是柔中有刚的做人原则;竹子生而有节、竹节毕露则象征着高风亮节;而竹子亭亭玉立、婆娑有致的洒脱风采也为人们所欣赏。

(5)桂树。在西方,laurel 一般象征着吉祥、美好、荣誉、骄傲。过去,英美国家的人喜欢用桂枝编成花环戴在勇士的头上,象征荣誉和成功。之后,人们将那些取得杰出成就的诗人称为 poet laureate(桂冠诗人)。可见,西方文化中的 laurel 与荣誉有着紧密的联系。

中国文化中的桂树也常象征荣誉。中国古代学子若是考中了状元便称"蟾宫折桂,独占鳌头"。历代文人也常用"折桂"一词来喻指科举及第。直到今天,人们也常会用"折桂"来喻指在考试、比赛中夺得第一名。

二、英汉植物的翻译

(一)直译法

当某一植物词汇在英汉两种语言中的文化内涵相同或相似时,译者可以采用直译的翻译方法。保留形象的直译可以保留源语的文化特征,传递原文风格,再现原文神韵,使译文生动传神,从而促进中西方文化的交流。例如:

laurel wreath 桂冠

Oak may bend but will not break.

橡树会弯不会断。

An apple a day keeps the doctor away.

一日一苹果,医生远离我。

(二)直译加注释法

有时,直译会给对不了解译文读者的理解带来一定的困难。因此,译者可以适当采用直译加注释的方法来处理植物词汇,即在保留原文植物形象的同时阐释其文化意义。例如:

as like as two peas in pot 锅里的两粒豆(一模一样)

While it may seem to be painting the lily, I should like to add something to your beautiful drawing.

我想给你漂亮的画上稍加几笔,尽管这也许是为百合花上色,费力不讨好。

A rolling stone gathers no moss.

滚石不生苔。(改行不聚财)

(三)意译法

当植物词汇若直译过来很难被译入语读者所理解,且添加注释又不方便时,译者就可以考虑舍弃原文中的植物形象进行意译,即只译出植物词汇的联想意义。例如:

harass the cherries 骚扰新兵

the apple of one's eyes 掌上明珠

apple of discord 不和的根源

He is practically off his onion about her.

他对她简直是神魂颠倒。

Every bean has its black.

凡人各有短处。

If you lie upon roses when young, you lie upon thorns when you old.

少壮不努力,老大徒伤悲。

(四)套译法

在翻译植物词汇时,有时还可以使用套译法进行处理。例如:

come out smelling of roses 出淤泥而不染
potatoes and roses 粗茶淡饭
spring up like mushrooms 雨后春笋
as red as a rose 艳若桃李

第三节　动物文化翻译教学

一、英汉动物文化概述

在语言交际过程中,人们常常借用一些动物名称表达某种含义或某种动物名称就直接象征着某种含义。但是由于不同地域内动物的种类有所不同,所以它们所扮演的角色与功能也存在差异,甚至使人们对动物的社会观念与情感也有所不同,价值其他种种因素的影响,使人们对各种动物产生了不同的联想。[①] 下面仅以一个典型的动物为例,对它们在中西方文化中的联想进行比较。

(1)狗。在西方人眼中,狗是人类最忠实而真诚的伙伴,是人类最好的朋友。因此,西方人认为吃狗肉是一种不道德的野蛮行为,是一种罪恶。对狗的不尊重也就代表着对狗主人的不敬。带

---

① 闫传海,张梅娟.英汉词汇文化对比研究[M].西安:西安交通大学出版社,2008:99.

有 dog 的话语,通常为褒义。例如,a lucky dog(幸运儿),a jolly dog(快活的人),a sea dog(老练的水兵)等。

相反,中国人过去对狗的态度并不是很好。狗在中国传统文化中多经常是以负面形象出现的。因为在漫长的中国农耕社会中,普通百姓终日要为了生存而奔忙劳累,饲养的动物是为了充当劳动工具或者食物,人们即使养狗,也多是为了防盗,看家护院,而不是因为喜爱;狗自然也就只能成为人们生活中的"仆人",而不是朋友。因此,汉语中带有"狗"的表达多为贬义,意即"失意、坏人、奉承、巴结"等,如"哈巴狗"、"狗咬狗"、"狗拿耗子"、"狗腿子"、"狗眼看人低"等。另外,在汉语中,"狗"又称作"犬",多用作自谦词,如"犬子",对人称自己的儿子。"犬马",古时臣下对君主自比为犬马,表示自己卑微低下但又忠心耿耿,甘愿被君主驱使,为君主效劳,效犬马之劳。随着时代的变迁,人们也改变了传统的思想,与"狗"有关的话语意义也发生了变化。例如,人们用"狗狗"代替"狗",传达了一种喜爱之情,甚至一些家庭将自己的爱狗直接呼为"儿子"、"女儿"。

(2)猫。cat 在英语中是一个极其活跃的词,与其相关的词语很多。但是,猫在西方文化中多为负面的形象。例如,美国人认为,当在走路时如果前面跑过一只猫,这是不吉祥的征兆。在英语中,形容妇人恶毒时也常用猫。随着欧洲 18 世纪、19 世纪城镇的形成,猫也逐渐成为人们生活的一部分,并进入了人们的生活圈子。

然而,在中国人眼中猫通常可以形容温顺的、可爱的。这是因为,捕鼠是猫的天职,昼伏夜出,主动出击,从不偷懒,满足了人们用猫除鼠保粮的愿望。例如,形容某人嘴馋会说"馋猫一只";也会戏称小孩嘴馋为"小馋猫"或某人懒为"大懒猫",这些通常都有亲昵之情。当然,汉语中也有一些对"猫"不大好的说法,像"猫哭耗子假慈悲"等。

(3)鸡。在西方文化中,鸡一般具有四种内涵。首先,猫具有神话、宗教内涵。在希腊神话中,由于 cock 有日出而啼的习性,故而将其奉献给太阳神阿波罗（Apollo）；罗马神话中，由于 cock 清晨的啼叫意味着千行百业一天工作的开始，故而将其奉献给为众神传信并主管商业、道路的墨丘利（Mercury）神；在基督教传统中，人们认为 cock 的清晨啼叫能够使魔鬼惶然隐退，因此将 cock 视为圣物，并将其置于教堂的尖顶之上。其次，鸡具有迎宾的内涵。在英国的一些小酒馆里，人们可以随处可见 cock and pie 的字样，这里的 cock 就有翘首以待来客的含义。再次，鸡具有好斗、自负的内涵。这与 cock 好斗的习性有很大的关系。最后，鸡有粗俗、下流的含义。因为 cock 在美国英语中喻指男性的生殖器（但在英国英语中并无此意）。

鸡在汉语文化中的内涵与西方完全不同，具体包括三个含义。首先，鸡象征勤奋、努力和光明的前途。这与雄鸡破晓即啼，预示了一天的开始有关。其次，鸡具有吉祥如意的内涵。这是因为，汉语中"鸡"与"吉"同音，所以鸡就被人们赋予了这些美好的象征意义。最后，鸡象征提供性服务的女性。这是因为"鸡"的谐音是"妓"。

（4）羊。在西方文化中，羊常与弱者联系在一起，扮演着无独立性、多受他人控制的角色。也正是由于羊的温顺和柔弱，其在《圣经》中也多作为祭品而成为人们给神敬献的礼物。

类似地，羊在中国文化中也多以柔弱温顺的形象出现，如"羊入虎口"。另外，羊还有吉祥的含义。这一点从中国的一些地名中就可以看出，如"羊城"。

（5）龙和凤。龙在西方文化中是指一种没有"地位"的爬行动物，在英美人眼中它是一种凶恶而丑陋的动物。然而，汉语文化中的"龙"具有至尊至上的感情色彩，蕴含着"权威、力量、才华、吉祥"等褒扬的语义。

英语文化中的 phoenix 多与复活、重生有关。凤在基督文学作品，乃至其他文学作品中都象征着"死亡"、"复活"和"永生"。

在汉语文化中，凤凰是一种神鸟，常用来象征富贵、吉祥、爱情、皇后。可见，龙和凤在汉语中的喻义多为褒义，且经常在一起使用,如"龙凤呈祥"、"龙驹凤雏"、"龙跃凤鸣"、"望子成龙,望女成凤"等。

二、英汉动物的翻译

(一)直译法

当英汉动物词汇用来表示事物性质或者人物品质并且在意义形象、风格上是相同的或者具有相似之处时,译者可以采用直译翻译法。例如:

feel just like fish in water 如鱼得水

the great fish eat small fish 大鱼吃小鱼

as faithful as a dog 像狗一样忠诚

as sly as a fox 像狐狸一样狡猾

to stir up the grass and alert the snake 打草惊蛇

to drain to catch all the fish 竭泽而渔

to play the lute to a cow 对牛弹琴

to be like a frog at the bottom of a well 井底之蛙

A rat crossing the street is chased by all.

过街老鼠,人人喊打。

Don't make yourself a mouse, or the cat will eat you.

不要把自己当老鼠,否则肯定被猫吃。

(二)意译法

当用直译法翻译动物词汇行不通时,可以舍弃原文中的动物形象,尽可能地将原文的含义翻译出来,即意译。例如:

big fish 大亨

be like a bear with a sore head 脾气暴躁

Dog does not eat dog.

同类不相残。

He is as poor as a church mouse.

他一贫如洗。

My mother will have a cow when I tell her.

我妈妈听说后一定会发怒的。

Last night, I heard him driving his pigs to market.

昨夜,我听见他鼾声如雷。

(三)套译法

当直译和意译均不适用时,译者可以采用套译法。例如:

a lion in the way 拦路虎

as happy as a cow 快乐得像只鸟

teach a pig to play on a flute 赶鸭子上架

Better be the head of a dog than the tail of a lion.

宁做鸡头,不做凤尾。

Don't believe him, he often talks horse.

不要相信他,他常常吹牛。

It had been raining all day and I came home like a drowned rat.

一整天都在下雨,我到家时浑身湿得像一只落汤鸡。

第四节　数字文化翻译教学

一、英汉数字文化概述

数字是表示数目的文字或符号,是人类认识世界、改造世界和记录历史不可或缺的工具。① 中西对同一个数字有着不同的理解,这是因为英汉数字的文化差异较大。

(1)数字"一"。古希腊哲学家、数学家毕达哥拉斯(Pythagoras)认为,数字"1"是由神所表现的不可分割的统一体,古代基督教象征主义者也支持此观点。英文中的 one,既可以表示数字"1",又可指代"任何人或物"。但是,the Holy One 指的是"神",而 the Evil One 指的则是"魔鬼",可见人名赋予该词的意义是多么重要。英语国家的人们认为,除了"13",所有基数都是吉利的,所以常在整百、正千的偶数之后加上 one 这个单词,表示程度的加强或加深,如 one hundred and one thanks 意思是"千恩万谢",have one thousand and one things to do 意思是"忙得不可开交"。

在汉语文化中,数字"一"是最小整数,常象征着"统一"、"简明"、"起始"和"完美"。这些意义主要源于中国古代道家的"道生一,一生二,二生三,三生万物"的思想。然而,汉语成语"一如既往"、"言行不一"、"一往无前"等,包含的意思有"专一"、"完全"、"一致"等。

(2)数字"六"。毕达哥拉斯认为"6"多用来表示正义。早期的基督教象征主义者将数字"6"看作是造物周的日数。但是,在《圣经》中,"6"是一个可怕的"野兽数",是魔鬼的代号。因此,在英语中"6"并不是一个受欢迎的数字,人们将其看作是凶数,所以带"6"的说法多为贬义。例如,six of one and half a dozen of the other(差不多;彼此彼此;半斤八两);six of the best(一顿痛打)等。

然而,在汉语文化中,"三、六、九"均是吉利的数字,所以人们在送礼、出门时都愿意选一些与这些数字有关的日子。另外,"六"的谐音为"溜"、"禄",带有"顺"的意思,所以人们选择数字或号码时都愿意选带有"六"的。

---

① 成昭伟,周丽红.英语语言文化导论[M].北京:国防工业出版社,2011:83.

(3)数字"八"。《马太福音》(*Matthew*)记载,耶稣曾在为其弟子布道时谈到了八件幸事,所以"8"就是福音数字。在上帝惩罚人类的大洪水中,仅有八个人最终依靠诺亚方舟逃生成功,所以"8"也代表幸运。另外,"8"竖立时可以表示幸福,倒下时则表示无穷大的符号,所以将两种意思放在一起,即"幸福绵绵无穷尽"。然而,在弹子游戏中8号球一般是一个危险的球,所以 behind the eight ball 指"身处困境;处于不利地位"。此外,"8"还可以用来指"饮酒过量;微醉"。相比较而言,英语中的"8"的引申意义较少。

在汉语中,"八"因与"发"(财)谐音,因此是一个极受欢迎的吉利数字,代表着财富、美好和富足。例如,人们喜欢自己的房间、车牌、电话号码都含有"八",因为这代表大吉大利。汉语中许多含数字"八"的习语起初多表示实义数字,但因长期使用而演变成表示"多"之隐喻义了。例如,"八方"原为四方(东、南、西、北)和四隅(东南、东北、西南、西北)的总称,习语有"八方支援"、"八方风雨"等;"八音"原指金、石、土、革、丝、木、匏、竹等八音,习语有"八音齐奏"、"八音迭奏"等;"八斗之才"多指人富有才华,源自宋无名氏《释常谈·八斗之才》:"文章多,谓之'八斗之才'。谢灵运尝曰:'天下才有一石,曹子建独占八斗,我得一斗,天下共分一斗。'"

二、英汉数字的翻译

(一)一般数字的翻译

1.直译法

直译是指在翻译过程中将原文中的数字用译入语中与之相对应的数字代替。因此,如果在英汉翻译实践中涉及的两种语言在数字方面完全对等,就可以采用直译法进行翻译。例如:

One day apart seems three autumns.

一日不见如隔三秋。

Reach the sky in one step.

一步登天。

The building is over fifty stories high.

这座大楼有五十多层高。

The temperature rose nine degrees.

气温上升了九度。

To begin with, 30-meter high steel scaffolding is to be placed around the tower.

首先,在塔的周围搭起三十米高的钢制脚手架。

2. 意译法

每一个数字都蕴含着特定的民族文化内涵和特定的表达习惯,如果按照原文直译成另一种语言,会使译文晦涩难懂,也不利于读者理解,此时就需要意译。例如:

The children was in the seventh heaven with their new toys.

孩子们有了新玩具都高兴极了。

Across the street on the side of a house was painted a giant woman with a five-foot smile and long blond hair, holding out a giant bottle.

街对面的墙上有一幅大型广告画——一位肩披金色长发的女郎,笑容满面,手里举着一个大瓶子。

3. 借用法

在英汉语言中,有些数字在内容和形式上都非常相似,不但具有相同的意义,还具有相同的修辞色彩,此时在不损害原文含义的情况下,就可以采用借用法进行翻译。例如:

The days of our years are three score years and ten.

人生七十古来稀。

It is six of one and half a dozen of the other.

半斤八两。

(二)概数的翻译

所谓概数,是指用来表示简略、大概情况的数字。概数的翻译,通常采用对译的方式即可。

1.表示"多于"或"多"

英语中常用 more than,above,over,past,in excess of,or more,long,odd 等词加上数词表示"多于"或"多",翻译时可以采用相应的数词进行翻译。例如:

This car has run a long thousand miles.

这辆车已经跑了 1 000 多英里。

There are five thousand odd students in that middle school.

那所中学有 5 000 多名学生。

有时,英语中也用具体的数字来表达"多"。例如:

She has twenty things to tell her father about her new school.

关于她的新学校,她有好多话要对爸爸讲。

We have a hundred things to do.

我们有许多事情需做。

2.表示"不到"或"少于"

英语中的 less than,under,below,off,or less 等词加上数字表示"不到"或"少于",翻译时也用相对应的数词进行翻译。例如:

The thermometer stood below 10°C.

温度计显示的温度不到 10 度。

We won't sell this sweater under twenty dollars.

这件毛衣低于 20 美元我们不卖。

3. 表示"刚好"、"整整"、"不多不少"

英语中用 flat,sharp,cool,just,whole,exactly 等词表示"刚好"、"整整"、"不多不少"的概念。在翻译这类概数词时,用对应的汉语即可。例如:

The teacher visited cool 40 students the whole day.

那位教师一整天走访了整整 40 个学生。

She finished the homework in 3 hours flat.

她写完作业正好用 3 个小时。

4. 表示"大约"、"左右"、"上下"

英语中常用 or less,more or less,about,in the region of,approximately,some,around 等词加上数词表示"大约"、"左右"、"上下"等概念。翻译时直接用对应汉语即可。例如:

four weeks or so 大约四周

in the region of 8,000 Yuan 8 000 元左右

I get up around five every morning.

我每天早上五点起床。

His monthly pay is in the region of 5,000 Yuan.

他的月薪在 5 000 元左右。

5. 不定量词短语的翻译

不定量词短语主要用于表示不确切的范围或是概念,有时也

表示事物所处的状态等。多由数词和介词或其他词类搭配而成。例如：

a hundred and one 许多

one or two 少许；几个

by ones or twos 三三两两；零零落落

two over three 三分之二

five to five 五比五；五对五

the second half 后一半

nine tenths 十之八九；几乎全部

by halves 不完全

a long hundred 一百万

billions of 几十亿

（三）地名中数字的翻译

在英汉翻译实践中，译者还经常会遇到一些在住所、通讯地址、营业地等中的数字。这些数字多用来表示门牌号码和邮政区号，所以将其翻译成汉语时可以直接将阿拉伯数字移植过来。例如：

460 Pierce Street，Monterey，California 93940 USA

美国加利福尼亚州蒙特雷市皮尔斯路 460 号，邮编：93940

35 Wall St. New York，N. Y. ，USA

美国纽约州纽约市华尔街 35 号

10 Stamford Road，Oakleigh，Melbourne 3166，Australia

澳大利亚墨尔本市奥克莱区斯坦福德街 10 号

汉语地名中的数字除了表示门牌号、邮政区号之外，还与其他词组合成专有名词。英译时，门牌号、邮政区号可直接移植。专有名词则应采用音译的方法。例如：

中国广西百色市向阳路 19 号,邮编:533000

19 Xiangyang Street,Baise 533000,Guangxi,China

北京市朝阳区朝阳门南大街 2 号 邮编:100701

No. 2, Chaoyangmen Nandajie, Chaoyang District, Beijing,100701

北京市海淀区颐和园路 5 号 邮编:100871

No. 5 Yiheyuan Road Haidian District,Beijing,100871

五棵松文化体育中心 Wukesong Sports Center

百色市右江区四塘镇 Sitang Town,Youjiang District,Baise

第五节 颜色文化翻译教学

一、英汉颜色文化概述

世界民族对颜色的使用与爱憎在一定程度上反映着不同民族的文化意识、审美情趣、心理因素等。体现在语言上,即在使用颜色词时,对其赋予特定的文化内涵。因此,通过不同的颜色以及其对应的言语表达形式,人们就能获得相应的语言与文化信息。由于中西方文化中的颜色包括多种,限于篇幅有限,这里仅就几个常见的颜色进行比较分析。

(1)红色(赤色)。在英汉语言中,红色具有不同的文化内涵。在英语中,红色多表示崇高的信仰、博爱的精神、坚韧不屈的性格等。英国的国旗为 the Red,White and Blue。美国独立战争期间,英国士兵穿红色上衣,所以被称为 the Redcoat。the red hat 既可以指红衣教主,又可以指英国的参谋军官。

在汉语中,红色多用来象征喜庆、欢乐、愉快、吉祥等。例如,在中国的传统婚礼中新娘都会穿红色的衣服,顶着红色的盖头,贴红色的对联。另外,红色还用来表示胜利与成功,如"开门红"、

"满堂红"、"走红运"。此外,红色还象征着革命和进步;象征美丽、漂亮,如指女子盛妆为"红妆"或"红装",把艳妆女子称为"红袖",指女子美艳的容颜为"红颜"等。

(2)黄色。在英语文化中,黄色多用来表示智慧、忠贞与荣耀;有时也用来比喻卑鄙的行为。例如,yellow dog 是指卑鄙的人活着不参加、不协助工会的人。

相反,汉语中的黄色多表示尊贵。由于我们的祖先生活在黄土高原,华夏文化又源于黄河流域。中国历代皇帝的龙袍均为黄色,所以就有"黄袍加身"的说法;"炎黄"即中华民族的祖先,所以可以称中华儿女为"炎黄子孙"。当然,黄色有时也用来指堕落,如黄色电影、黄色笑话等。①

(3)绿色。在英语文化中,绿色具有多种象征意义。首先,绿色象征青春、活力。例如,a green age(老当益壮),in the green tree wood(在青春旺盛的时代,处于佳境),in the green(血气方刚)等。其次,green 象征新鲜。例如,green meat(鲜肉),a green wound(新伤口),green recollection(记忆犹新)等。再次,绿色象征稚嫩、幼稚、不成熟、缺乏经验。例如,as green as grass(幼稚),green hand(新手)等。最后,绿色象征钞票、金钱。由于美国的钞票以绿色为主色调,因而绿色具有钞票的象征意义。人们称"美钞"为 green back,并由此延伸 green power(金钱的力量,财团)。

但汉语中的绿色却并属于尊贵之色,与黄色相比,绿色多被视为"贱色"。古代的下层人士多穿着绿色的衣衫。

(4)白色。白色在英语中最常见的象征意义就是纯洁、真诚。如白色婚纱表示冰清玉洁、真诚与善解人意。另外,英语中还有很多与白色组合在一起的词,其喻义均与公正、纯真有关。例如,white 喻指诚实、洁白;white light 指公正无私的谈判;a white lie 表示无恶意的谎言等。

---

① 冒国安.实用英汉对比教程[M].重庆:重庆大学出版社,2004:287.

从传统意义上讲,白色为素色,所以古时平民均着白衣,孝服也为白色。在戏曲表演艺术中,白色的脸谱多用来装扮奸诈的人物。有时,白色在汉语中也象征纯洁。例如,白头偕老、白璧无瑕、洁白无瑕等。但是,白色也可用于表示反动和觉悟低,如白区、黑白两道、白色恐怖等。

(5)黑色。在传统意义上,黑色在英汉语言中均为正色,用于服饰的颜色多表示尊贵、深沉和鉴定。但是从文化层次上看,黑白两色分别代表黑夜与白昼,所以可以喻指邪恶与善良、黑暗与光明、死亡与生长等对立的事物。例如,in a black mood(情绪低落),black sheep(害群之马)等。

汉语中有黑白不分、黑帮、黑名单、黑手等。有时,黑色在汉语中也被"青"代替,如青丝、青衣、青龙等。

二、英汉颜色词的翻译

(一)直译法

对于英语和汉语中意义相近的色彩词,译者可以保留颜色词进行直译。例如:

red rose 红玫瑰
red carpet 红地毯
black list 黑名单
yellow brass 黄铜
grey uniform 灰制服
white flag 白旗
green tea 绿茶
white-collar workers 白领阶层
blue-collar workers 蓝领阶层
The boy flushed red with shame.
这个男孩羞红了脸。

The sun was dropping behind the farthest mountain, and the valleys were purple with something deeper than aster.

夕阳已渐渐沉没在远山的背后，壑谷间一片紫蔼，颜色比紫菀还浓。

The clear, sharp cloven Carrara mountains sent up their steadfast flame of marble summit into amber sky.

轮廓分明的卡拉拉山把永恒不变的火焰似的大理石山顶插入琥珀色的天空。

The leafless trees, that against the leaden sky now revealed more fully the wonderful beauty and intricacies of their branches.

那叶儿落尽的树木，映衬着铅灰色的天空，此刻显得更加枝丫交错，姿态万千。

（二）直译加注释法

一些颜色词在直译后仍无法将源语的意思清楚、准确、完整地再现出来，这时就要增加注视进行翻译。例如：

green pound 绿色英镑（英国参加欧洲共同体农产品交易使用的货币）

yellow ribbon 黄丝带（表达希望某人安全归来的愿望）

white paper 白皮书（西方国家发布的正式文件）

在他们分别得前一天，他送给他一颗红豆。

On the day before their departure, he gave her a red bean, which is a token of their love and remembrance.

（三）意译法

当无法保留颜色词进行直译，也不能进行替换时，就可以考虑采用意译法，对原文进行适当地增补或删减，以使译文符合译入语的表达习惯。例如：

wedding and funeral 红白喜事

make a good start 开门红

a black look 怒目

I dislike John, for he is a yellow dog.

我讨厌约翰,他是个卑鄙小人。

He is a white-haired boy of the general manager.

他是总经理的大红人。

He has white hands.

他是无辜的。

She is green with jealousy.

她醋意大发。

(四)增词法

在翻译过程中,有时原文中虽然没有直接使用颜色词,但是可以根据译文的表达需要以及原文意义,适当增补颜色词。例如:

traffic light 红绿灯

infrared rays 红外线

wedding and funeral 红白喜事

make a good start 开门红

重要的日子/节日 red-letter day

大怒 see red

火灾 red ruin

血战 red battle

繁文缛节 red tape

负债 be in the red

加奶咖啡 white coffee

Her eyes became moist.

她眼圈红了。

She is a popular singer and in fact she becomes even more popular after the competition.

她是个红歌星,事实上经过那些比赛她就更红了。

(五)减词法

有时候,英汉语中的一部分颜色词无法进行直译,也无法替换颜色词进行翻译,此时可以去掉颜色词进行意译,以便更准确地表达本意。例如:

白面(儿) heroin/cocaine

黑心肠 evil mind

红榜 honor roll

红运 good luck

a black look 怒目

I dislike John, for he is a yellow dog.

我讨厌约翰,他是个卑鄙小人。

She is green with jealousy.

她醋意大发。

Neither of the two organizations uses public funds for direct support of abortions, but they do support groups which provide abortions with other funds a red flag for conservatives.

这两个组织都未动用公款直接资助堕胎,但他们所资助的团体,却利用其他经费来资助堕胎,这就激怒了保守派人士。

我们必须赤胆忠心为人民。

We must serve the people with utter devotion.

烈士们的鲜血没有白流。

The martyrs didn't shed their blood in vain.

贾爷……爷曾留下话与和尚转达老爷,说:"读书人不在'黄道'、'黑道',总以事理为要。"

Mr. Chia ... asked the monk to tell that scholars are not

scholars are not superstitious about lucky or unlucky days but like to act according to reason.

（六）换词法

有时英语中的某一个颜色词与其相对应的汉语颜色词的语义不同,或者差异比较大,译者应该根据译入语的表达习惯进行替换。例如:

blue talk 黄色段子

brown bread 黑面包

black and blue 青一块,紫一块

black tea 红茶

brown sugar 红糖

blue movie 黄色影片

自然、植物、动物、数字和颜色均是英汉文化翻译教学研究中不可忽视的几个方面。同一种自然现象、植物、动物、颜色或数字在中西方文化往往有着巨大的差异,这或许与该民族的历史、地理有关,也或许与该民族的民俗、风尚相关。因此,如果能从源头出发,对英汉自然、植物、动物、数字和颜色的文化差异有全面了解,将会使我们的翻译活动更为顺利、有效。

第五章　修辞和习语文化翻译教学

修辞作为一种言语表达的艺术,它可以使语言更加优美,思想表达更加流畅、鲜明。习语是语言发展的结晶,是语言使用者长期以来习用的、形式简洁而意义精辟的定性词组或短语。修辞和习语作为语言文化的重要内容对跨文化视角下的英汉翻译教学也具有重要影响。本章就系统地对英汉修辞、习语文化翻译教学进行讨论。

第一节　修辞文化翻译教学

一、英汉修辞文化概述

(一)比喻修辞文化

比喻修辞还可以大体分为明喻和暗喻。

1. 明喻

A Dictionary of Literary Terms(《文学用语词典》)将 simile (明喻)解释为:a figure of speech in which one thing is likened to another,in such a way as to clarify and enhance an image. It is an explicit comparison(as opposed to the metaphor where the comparison is implicit)recognizable by the use of the word "like" or "as".

汉语中的"明喻"即将两个不同事物之间的相似点进行对比，用具体的、浅显的和熟知的事物去说明或描写抽象的、深奥的、生疏的事物，从而获得生动形象、传神达意的修辞效果。①

前面已经提到，英语明喻的标志性连词有：as，like，as … as。例如：

A year has gone as a tortoise goes，heavy and slow.

一年过去，像乌龟爬行一样沉重而缓慢。

My heart is like a singing bird.

我的心像一只啼鸣的鸟儿。

而汉语明喻修辞多用"像"、"似"、"如"、"若"、"如同"、"好像……似的/一样"等词汇来连接比喻的事物和被比喻的事物。例如：

对待同志要像春天般的温暖，对待工作要像夏天一样的火热。

"我们去！我们去！"孩子们一片声地叫着，不待夫人允许就纷纷上马，敏捷得像猴子一样。②

水，汹涌奔泻而来，如箭离弦，如马脱缰，如猛虎出山，江水出峡了。

2. 暗喻

Webster's New World Dictionary（《韦氏新世界词典》）将metaphor（暗喻）定义为：speech containing an implied comparison，in which a word or phrase ordinarily and primarily used of one thing is applied to another.

---

① 吕煦.实用英语修辞[M].北京：清华大学出版社，2004：125.

② 何远秀.英汉常用修辞格对比研究[M].成都：西南交通大学出版社，2011：44.

汉语《辞海》对"暗喻"的释义为比喻的一种。本体和喻体的关系,比之明喻更为紧切。明喻形式上只是相类的关系,暗喻在形式上却是相合的关系。本体和喻体两个成分之间一般要用"是"、"也"等比喻词。①

暗喻就是不用明显的比喻词,而是直接把本体说成是喻体,所以含义较为含蓄。例如:

Money is the lens in a camera.

金钱就是相机镜头。

这里的金钱暗喻的是照相机的镜头。这源于相机能反映出一个人的不同面貌,金钱可以检验出一个人的不同品质,从这个角度来看两者有共同之处。

汉语中暗喻的例句也有很多。例如:

让我们对土地倾注更强烈的感情吧!因为大地母亲的镣铐解除了,现在就看我们怎样为我们的大地母亲好好工作了。

(秦牧《土地》)

该例句中,本体"大地"和喻体"母亲"作为同位语相继出现,在前一分句中,用作同位语,而在后一分句中,用作同位宾语。

但我所说的中国革命高潮快要到来,绝不是如有些人所谓"有到来之可能"那样完全没有行动意义的、可望不可及的一种空的东西。它是站在海岸遥望海中已经看得见桅杆尖头了的一只航船,它是立于高山之巅远看东方已见光芒四射喷薄欲出的一轮朝日,它是躁动于母腹中的快要成熟的一个婴儿。

(毛泽东《星星之火,可以燎原》)

---

① 蒋童,钟厚涛.英语修辞与翻译[M].北京:首都师范大学出版社,2008:24.

该例句运用暗喻的手法将"革命高潮"比喻为"航船"、"朝日"、"快要成熟的婴儿",每一个词都非常形象、深刻,极具说服力。

(二)委婉语修辞文化

尼曼(Neaman)对 euphemism(委婉语)的定义为:substituting an inoffensive or pleasant term for a more explicit, offensive one, thereby veneering the truth by using kind words(用不冒犯人或令人愉快的词语去代替直率的、触怒人的词语,用好听的词语去掩饰事实)。

汉语中的委婉语又称"婉曲"、"曲折"、"婉言"等,是指在特定的情景中,说话人要有所顾忌,不可直截了当地将要表达的内容说出来,而要用委婉的词汇,含蓄、曲折地表达出来。婉言可以进一步分为两大类:婉言和曲语。婉言,即不直接说出本意,故意用一种含蓄的方法表达要说的话。曲语,是指不直接说出本意,而通过描述和本意相关的事物来烘托本意。例如:

怕啥? 大不了,打一仗再走,咱们的刺刀正想开荤了。

(周立波《湘江一夜》)

(孟祥英的婆婆)年轻时候外边朋友们多一点,老汉虽然不赞成,可是也惹不起她——说也说不过她,骂更骂不过她。

(赵树理《孟祥英翻身》)

英汉委婉语的差异主要体现在如下几个方面。

(1)中西方社会价值观的不同。西方国家崇尚金钱、物质,人名对于钱的态度很大方、坦然,所以不存在遮掩的委婉语。[①] 相反,汉语民族因儒家思想的影响,具有浓重的重义轻利、重义轻财的价值观。于是出现了"君子喻于义、小人喻于利"、"士不理财"。

---

① 何远秀.英汉常用修辞格对比研究[M].成都:西南交通大学出版社,2011:205.

随着时代的变迁,人名越来越看重金钱的重要性,对有钱人干脆直呼"大款"、"暴发户"等。

(2)中西方等级观念的不同。西方文化中没有明显的等级观念,在英美等国,人们不考虑身份、年龄、性别等因素,统统直呼其名。相反,中国文化中就具有明显的"名讳"情形,即上级对下级或长辈对晚辈可以直呼其名,而下级对上级则只能称官职,晚辈也不可直呼长辈之名。

(3)中西方宗教信仰的不同。例如,关于"死亡"的委婉语,英语为 be in the golden heaven(上天堂了),go to/reach a better world(去了更好的地方)等。这是因为西方人多信仰基督教,认为生命是上帝赋予的,人在其有生之年必然要经历罪恶、堕落和赎罪,并且只有赎清原罪,才有机会有来世,进入天堂,否则将会下地狱经受煎熬,于是人们都希望死后可以进入天堂。然而,汉语多会用"归西"、"上西天"、"上天"、"隐化"、"物化"、"生仙"、"仙逝"等词来表达"死亡"。这是因为中国人多信仰佛教和道教。佛祖释迦牟尼居住在西方极乐世界,佛教的善男信女们生前积德行善,希望死后可以达到西方极乐世界,见到佛祖,于是就有了"归西"、"上西天"等死亡的委婉表达。道教是我国的本土宗教,源自老子和庄子的道家思想,于是委婉语中就体现了达观、淡泊等生死观,如"物化"、"隐化"、"仙逝"等。

(三)排比修辞文化

The Wordsmyth English Dictionary 将 parallelism(排比)定义为:"In writing, the use of similarity in construction and form within a unit such as a sentence, paragraph, or stanza, or an instance of this."可见,parallelism 的格式是平行并列的两个或两个以上结构相同或相似、意义相关的短语或句子。

《现代汉语词典》指出,"排比是指用句子成分或句子来表示一种层层深入的关系,其中的句子成分或句子之间通常是内容相关、结构类似的。"

英汉排比修辞最大的差异体现在它们结构的不同,具体指两个方面:替代和省略。

(1)替代。对于排比部分重复出现的名词,汉语排比总是重复这一名词,而英语 parallelism 则会用人称代词来指代前项的名词。例如:

我尊敬我的老师,我爱戴我的老师,我倾慕我的老师。

Crafty men contemn studies, simple men admire them, and wise men use them.

(F. Bacon：Of Studies)

狡狯之徒鄙视读书,浅陋之人羡慕读书,唯明智之士活读活用。

(2)省略。汉语排比任何时候都不会出现省略现象,而英语排比则会在极少数情况下出现省略,且省略的多是作为提示语(即排比部分重复出现的词)的动词。例如:

Wine should be taken in small dose, knowledge by large.

酒要少量饮,知识要多学。

(四)拟人修辞文化

Webster's New Word Dictionary(《韦伯斯特新词词典》)对 personification(拟人)的定义为:"A figure of speech in which a thing, quality, or idea is represented as a person."①可见,拟人就是将人的思想、情感、行为方式等赋予无灵的事物。例如:

The front garden was a gravel square; four evergreen shrubs stood at each corner, where they struggled to survive the dust,

---

① 何远秀.英汉常用修辞格对比研究[M].成都:西南交通大学出版社,2011:74.

and fume from a busy main road.

(College English, Book 2, Unit 4)

前庭是一个铺着沙粒的正方形;四个角各有一丛常青灌木,他们经常受着从繁忙的大街上吹来的尘烟,挣扎着活下去。

中国著名的美学家朱光潜先生指出:"因为类似联想的结果,物固然可以变成人,人也可以变成物。物变成人通常叫做'拟人'"。例如:

和多姿的花儿们恋爱整个夏天。
我是忙碌的。

(羊令野《蝶之美学》)

英汉拟人修辞的差异主要体现在其英汉词汇拟人的不完全对应现象。词汇不但与语言特点有关,而且还与文化背景有关,由此就形成了英汉语言与文化的不完全对应。以英语中用于表达人体部位的词汇做动词为例:eye(在……上打孔),hand(交出,传递,给),shoulder(肩扛)等。

(五)双关修辞文化

The New Oxford Dictionary of English 对 pun(双关)的定义为:"Pun is a joke exploiting the different possible meanings of a word or fact that there are words which sound alike but have different meanings."

英语双关修辞可以分为五类:homophonic pun(同音双关),paronomasia(近音双关),antanaclasis(同词异义双关),sylleptic pun(一词多义双关)和 ambiguity or asteismus(歧义双关)。前两种双关是利用词语的同音或近音异义构成的,而后三种双关则是利用词语的同形异义构成的,因此我们可以将其大致分成两类:homophonic pun(谐音双关)和 homographic pun(语义双关)。例如:

On Sunday they pray for you and on Monday they prey on you.

他们今天为你祈祷，明天对你敲诈。

Ambassador is an honest man who lies abroad for the good of his country.

大使是为了本国的利益而在国外撒谎（或居住）的诚实人。

汉语双关修辞，是指利用词的多义和同音等条件，有意识地用同一个词、同一句话或同一个语言片断，在同一个上下文中，同时关顾两种事物。

按照表现形式与内容，可以将汉语双关修辞分为两类：谐音双关和语义双关。例如：

我失骄杨君失柳，
杨柳轻飏直上重霄九。

（毛泽东《蝶恋花》）

夜正长，路也正长，我不如忘却，不说的好吧。

（鲁迅《为了忘却的纪念》）

对于英汉双关修辞的差异，这里主要就其分类问题做简单讨论。

前面已经提到，英语双关可以分为同音双关、近音双关、同词异义双关、一词多义双关和歧义双关五类。然而，同词异义双关是否在汉语中存在与其对应的类型始终是修辞学家们争论的焦点。例如：

We must all hang together, or most assuredly, we shall all hang separately.

（Benjamin Franklin）

我们大家必须紧紧地团结在一起，否则我们大家就必然会一个一个地被绞死。

这里的 hang 重复出现了两次，第一次指"团结"，第二次指

"绞死",这是一个同词异义双关的典型例子。

但这一语言现象是否属于汉语双关呢?学者李国南指出,英语中的同词异义双关与汉语中的"换义"类似。

对于这种现象是否属于汉语双关,我国学者李国南认为,同词异义双关不属于汉语双关,而是"换义"。例如:

一个人死去了,另一个人真诚地为他哭泣着。这在世界上来说,是一件最平淡的事;然而,从这哭声里,从那两人各执一柄如意而终于没有如意的爱情捉弄过,我却捕捉到使整个人类能够维系下去,使我们这个世界能够变得更美,更纯净的那么一种东西……

(六)倒装修辞文化

anastrophe(倒装)这种修辞在 *Standard College Dictionary* 中的定义为:in rhetoric, the inversion of the natural or usual order of words, as "Homeward directly he went"。

英语倒装修辞可以分为语法性倒装与修辞性倒装。其中,语法性倒装受语法规则和惯用法的限制,主要分为完全倒装和部分倒装两种。

完全倒装指的将全部谓语放在主语之前。例如:

Here comes the bus.

From the valley came a frightening sound.

You can speak English and German. So can I.

There are many tall trees in the park.

There is a stranger who is talking with our English teacher.

Were you the leade, you would be responsible for it.

So small was the mark that I could hardly see it.

部分倒装指将谓语的一部分放在主语之前,即将助动词或情态动词放在主语之前。例如:

Only then did he realize his mistakes.

Not a single mistake did he make.

By no means did she give up the wrong ideas.

Not only did he make a promise, but also he kept it.

Under no circumstances can you betray your motherland.

诗歌、小说等文学作品中常使用修辞性倒装，因为修辞性倒装具有加强语气、便于抒发情感、突出表达思想的作用。修辞性倒装可以进一步分为表语倒装、谓语倒装、宾语倒装、状语倒装。例如：

Great and spacious and beautiful is our beloved motherland.
我们的祖国辽阔、美丽而伟大。（表语倒装）
Occurred the things that were out of his expectation.
他没预料到的事情发生了。（谓语倒装）
The committee have asked me to resign. That I will never do.
委员会已要求我退休，我是不答应的。（宾语倒装）
Along the road ran a dog.
一条狗顺着这条大路跑来。（状语倒装）

汉语倒装修辞通常可以分为：主谓倒装、定中倒装、状中倒装、述宾倒装、偏正倒装五种。例如：

终于过去了，中国人民哭泣的日子，中国人民低着头的日子！
（何其芳《我们伟大的节日》）
Finally gone are the days when the Chinese people hung their heads and wept their lives away!（主谓倒装）
四面都是敌意，可悲悯的，可诅咒的。
（鲁迅《野草·复仇（其二）》）
All round is hate, pitiable, execrable.（定中倒装）
如果我能够，我要写下我的悔恨和悲哀，为子君，为自己。
（鲁迅《伤逝》）
I want, if I can, to describe my remorse and grief for Tzu-

chun's sake as well as for my own.（状中倒装）

新媳妇哭了一天一夜，头也不梳，脸也不洗，饭也不吃……

（赵树理《小二黑结婚》）

The bride cried a whole day and night, neither doing her hair, nor washing up, nor eating anything…（述宾倒装）

而且又证明着这不但是杀害，简直是虐杀，因为身体上还有棍棒的伤痕。

（鲁迅《纪念刘和珍君》）

Moreover these made clear that this was not only murder but brutal murder, for their bodies bore the marks of clubs also.（偏正倒装）

总之，英汉倒装修辞在修辞效果、结构和运用上基本相似，均具有强调句子成分，调节句式平衡，增加语言生动性的作用。尽管如此，这也并不意味着英汉倒装是完全对应的。汉语一般较少适用倒装结构，所以在翻译倒装结构时，要综合考虑各种因素。通常汉语倒装宜译成英语顺陈结构，英语倒装宜译成汉语顺陈结构。

（七）拟声修辞文化

Longman Dictionary of Contemporary English（《朗文当代高级词典》）将 onomatopoeia（拟声）定义为：the use of words that sound like the thing that they are describing, for example "hiss" or "boom"。例如：

Never did any bird flying back to a plundered nest which it had left brimful of chirping young ones.

一只雌鸟留下一巢啾啾欢鸣的幼雏，等到飞回来时，发现鸟巢已被洗劫一空。

《现代汉语词典》将拟声词解释为：摹拟事物的声音的词，如"哗"、"轰"、"乒乓"、"叮咚"、"扑哧"等。

英汉拟声词的差异主要体现在这几个方面：首先，英汉拟声词的语音形式不同，如 snore 呼噜声（打鼾时），titter 嗤嗤（笑声），

clink 叮当(碰杯声),crack 噼啪(爆裂声)等。其次,英汉拟声词的结构不同。汉语拟声词的结构是有规律的,读起来富有节奏感,朗朗上口;而英语的拟声词结构则相对比较简单,不论模拟的声音多么复杂,英语拟声词一般都由一个单一的词汇构成。当然,英语拟声词中也有一些结构较为复杂的,如 beep-beep,tow-row,yo-heave-ho,rub-a-dub-dub 等,由于这类拟声词较为罕见。再次,英汉拟声词的词性不同。英语多用形容词、名词、动词、副词来充当拟声词,而汉语中有单独的象声词,但是一些书法将其当成虚词,另一些却把它当成实词,认为其语法功能同形容词、名词或副词很接近;有的学者则把拟声词归为虚词,认为拟声词可以同感叹词合为一类;还有的学者认为拟声词既不是实词,也不是虚词。总之,汉语拟声词的词类归属目前还没有准确的定论。

二、英汉修辞的翻译

前面主要就英汉语言中的比喻修辞、委婉语修辞、排比修辞、拟人修辞、双关修辞、例装修辞和拟声修辞做了简单阐述和对比,这里也针对它们的翻译方法进行探究。

(一)比喻修辞的翻译方法

1.明喻修辞的翻译方法

(1)在翻译明喻修辞时,译者可以用译入语中相应的比喻词来翻译原文中的比喻词。例如:

The pen is to a writer what the gun is to a fighter.
作家的笔犹如战士的枪。[①]
Today is fair. Tomorrow may be overcast with clouds. My

---

① 黄成洲,刘丽芸.英汉翻译技巧[M].西安:西北工业大学出版社,2008:143.

words are like the stars that never change.

今天天色晴朗,明天又阴云密布。但我的说话却像天空的星辰,永远不变。

He burst into a high-pitched laugh, as though he'd said something funny.

他突然高声大笑,好像说了什么笑话似的。

水是应当安静的！那可以同镜子一样,小鱼同水藻,没有藏躲的机会,人们可以临流鉴形,这是何等自然呵！

Water should be quiet like a mirror so that the small fish and algae couldn't hide in it and people could appreciate their reflection in it. And how natural it would be!

需要指出的是,英语明喻修辞中的 as…as…结构一般采用直译翻译法。例如:

    as cheap as dirt 像泥土一样便宜
    as cold as ice 冰冷

(2)意译法。例如:

Records fell like ripe apples on a windy day.
记录频频打破。

部分明喻修辞中的 as…as…结构有时也要采用意译翻译法。例如:

    as bald as a coot 全秃的
    as clear as day 一清二楚
    as clean as a whistle 光滑洁净的

(3)转换法。例如:

He has been as drunk as a fiddler's bitch.

他烂醉如泥。

2.暗喻修辞的翻译方法

(1)直译法。例如：

During the bull market in property, with price rising fast, auctions became increasingly popular.

在房地产市场牛市期间，价格飞快上涨，拍卖日益流行。

鸿渐的心不死雨衣的材料做的，给她的眼泪浸透了……

Not being made of raincoat material, his heart was soaked by her tears…

一切都变了，她的最亲密的文城变成了死城。她的老父亲变成了活在地狱的"人鬼"。

Everything had changed. Her most familiar Wencheng City had changed into a dead city. Her old father had changed into a "ghost-man" who was living in hell.

(2)直译加注释法。例如：

以后飞机接连光顾，大有绝世佳人一顾倾城、再顾倾国的风度。

Later, the planes kept coming in much the same manner as the peerless beauty whose "one glance could conquer a city and whose second glance could vanquish an empire."

※ An expression which describes superlative beauty; it is equivalent to Helen of Troy in Western literature.

(3)意译法。例如：

Don't show the white feather to the enemy.

不要向敌人示弱。

He is a weathercock.

他是个见风使舵的家伙。

Please do best to convince SINOCHEM that they are really barking up the wrong tree. We are liable for nothing.

请尽量说服中国化工进出口公司,他们确实错怪人了。我们没有任何责任。

安南人鸠形鹄面,皮焦齿黑,天生的鸦片鬼相……

The gaunt, emaciated Vietnamese, on the other hand, with their parched skin and black teeth looked like born opium addicts…①

(二)委婉语修辞的翻译方法

1. 直译法

同一个委婉语在英、汉语言中均有相应的词语时,即可采用直译法进行翻译。例如:

Tom did something, and the police … well, now he's staying at the correctional center.

汤姆做了点什么,警察……哦,现在他正待在纠错中心。

该例句中的 correctional center 是 prison 的代名词,to do something 是一个抽象概念的词语,比直白的词语更容易使读者理解和接受。

2. 意译法

因语言、种族、习俗、文化等方面的原因,一些委婉语并不能在目的语中找到对应的表达,此时便可以考虑意译翻译法。例如:

---

① 马会娟.汉英文化比较与翻译[M].北京:中国对外翻译出版有限公司,2014:72.

That hooligan liked ripping off when he could.

那个阿飞喜欢偷窃，一有机会他就会动手。①

该例中的 rip off 的本意为"扯开、撕开"，后来作委婉语在英语中出现，人们用它来委婉地表达"偷窃"的行为。如果采用直译法进行翻译，想必中国人是无法理解的，译者可以直接译出其委婉义，将其内涵忠实地表达出来，意译为"偷窃"，使读者更容易理解。

（三）排比修辞的翻译方法

1. 直译法

用直译法翻译排比修辞，不仅可以保留原文的形式，而且也可以保留原文的韵味，且符合译语排比句的特点。例如：

Voltaire waged the splendid kind of warfare … The war of thought against matter, the war of reason against prejudice, the war of the just against the unjust …

伏尔泰发动了一场辉煌的战争……这是思想对物质的战争，是理性对偏见的战争，是正义对不义的战争……

You will not come? You will not be my comforter, my rescuer? My deep love, my wild woe, my frantic prayer, are all nothing to you?

(Charlotte Bronte: *Jane Eyre*)

你不愿意来么？——你不愿意做我的安慰者，我的拯救者么？——我深挚的爱，我剧烈的悲痛，我疯狂的祈求，你都不放在心上吗？

（吴钧燮　译）

但是并不是所有排比句都要直译，若盲目直译往往适得其

---

① 李丹. 英语委婉语的使用与翻译探析［J］. 延边党校学报，2014，(3)：113.

反,可能造成译文枯燥无味或冗长啰唆。因此,翻译英语排比句时还应适当选用其他翻译方法,使译文更符合汉语的表达习惯。

2. 增补法

英语有习惯省略重复词语的表达习惯,然而汉语则习惯通过重复用词来增加语言效果。因此,英译汉时应适当使用增补法,将原文字面上省略的含义在译文中增补出来,使译文在语法、语义、语言形式上更符合原文的实际含义,并使译文的意思表达得更清晰、完整,同时又符合汉语的表达习惯。尽管增补法看起来增加了原文字面中没有的含义,但实际上却是忠实了原文,保证了译文的质量。例如:

God help me, I might have been improved for my whole life, and I might have been made another creature perhaps, for life, by a kind word at that season. A word of encouragement and explanation of pity for my childish ignorance, of welcome home, of reassurance to me that it was home, might have made me dutiful to him in my heart henceforth, instead of in my hypocritical outside, and might have made me respect instead of hate him.

(Charles Dickens: *David Copperfield*)

我的天哪! 那时候,如果他给我一句好话,那我可能一辈子都改好了,可能一辈子都变成了另一种样子的人;那时候,他只要说一句鼓励我的话,说一句讲明道理的话,说一句可怜我年幼无知的话,说一句欢迎我回家的话,说一句使我放心,感觉到这个家还真是我的家的话,只要说这样一句话,那我就可以不但不用外面作假敷衍他,而反倒要打心里孝顺他,不但不恨他,而反倒要尊敬他。

(张谷若 译)

该例原文省略了 word 一词,而译文中则在各排比句中加上了"话"一词,将各个排比句连接起来,使译文含义更加完整,易于读者阅读。

3.省略法

省略法是指将原文字面上有的,而翻译出来却会显多余的表达省去不译。运用省略法翻译时,应该注意,省略是为符合目的语表达习惯和译文的通顺流畅而减词不减意的一种方法,不能胡乱省略,否则将会造成原文含义的遗失,违背了忠实原则。例如:

They're rich; they're famous; they're surrounded by the world's most beautiful women. They are the world's top fashion designers and trend-setters.

他们名利兼收,身边簇拥着世界上最美丽的女人。他们是世界顶级时装设计师,时尚的定义者。

在该例中,译者将原文中前三个排比句中的 they're 用一个"他们……"翻译出来,省略了后两个 they're,既避免了译文的啰唆拗口,又没有减损原文的含义,做到了忠实于原文。

(四)拟人修辞的翻译方法

对于拟人修辞的翻译,一般可以采用归化法。例如:

O wild West Wind,thou breath of Autumn's being
Thou,from whose unseen presence the leaves dead
Are driven,like ghosts from an enchanter fleeing.
啊,狂野的西风,你秋神之呼吸
无影踪就把落叶一扫而空
好似巫师驱散了群鬼。

诗中的"风"像人一样能"呼吸"(breath),也像"巫师"(enchanter)"驱鬼"(drive ghosts)一样将落叶一扫而空。作者运用拟人修辞的手法,将大自然的生动与活泼描绘得栩栩如生。译者采用归化的方法译出了西风的形象。

（五）双关修辞的翻译方法

1. 直译法

对于双关修辞的翻译,最常见的方法也是直译。例如：

Let's see how the wind blows, then decide whether we should swim against or with stream.

且看风势如何变化,然后再决定是逆流而上还是随波逐流。

该例中的 swim against the stream 和 swim with the stream 分别被译为"逆流而上"和"随波逐流",这两组词在英汉语言中既可以用于游泳者身上,又可以指形式的变化莫测时应随机应变。

2. 套译法

当双关修辞无法采用直译翻译法时,译者只能舍弃原文双关的情趣,仅译出原文的基本意思。例如：

Jim：His words are as plain as ABC.
Brown：But I'm DEF(deaf).
吉姆：他的话明明白白的。
布朗：可惜我的听觉失灵。

该例原对话中的 DEF 既与字母 ABC 相连,又同 deaf 的读音相同,所以构成了语音双关,这里译者将 deaf 翻译成"听觉失灵"显得非常合适。

3. 拆译法

所谓拆译法,是指将原文中的双关语义拆分开来,并将其译文列出,用目的语中两个或多个字表述,在译文中对双关语的字面意义、隐含意义分别进行翻译。例如：

There came a train of ping pong players home with loaded honors.

一辆货车驶来了,上面有一队乒乓球选手,他们载誉而归。

该例中的 train 是一词多义,既可以指"火车",又可以指"一队"。这里译者将双关次剥开,从两个层面进行表达,将其表层意思和深层意思都翻译了出来。

(六)倒装修辞的翻译方法

前面提到,英语倒装修辞可以分为语法性倒装和修辞性倒装两类。一般来说,对于语法性修辞的翻译,可以采用复位翻译,也就是恢复其自然语序。例如:

She was very angry and so was I.
她生气,我也生气。

而对于修辞性倒装,为了体现原文的特点,应尽量保留原文的修辞手段,如果不能做到与原文相同,就要依据汉语的行文习惯,采用其他句式再现原文的倒装结构。例如:

On the upper reaches of the river stand a few hydro-electronic power stations.
河的上游屹立着几座水力发电站。

In the centre of the room, on some hay on the ground, lay a boy with his teeth set and his glaring eyes looking straight upward.
在房子的中央,地上的干草上,躺着一个男孩,他牙关紧闭,两眼直瞪瞪地朝上看着。

Well do I remember the day when it happened.
出事的那天,我记得清清楚楚。

Fine and sunny it was when we started on our way.
我们动身那天,天气晴朗,阳光灿烂。

(七)拟声修辞的翻译方法

在英汉翻译过程中,对拟声词的翻译应该根据其上下文,选择与原文相对应的拟声表达,有时即使是同一个拟声词,但语境不同,译者所选择的拟声词也要素质改变。而有时,译者应该根据表达的需要,增补相应的拟声词。[①] 例如:

He disappeared into the water with a splash.
他扑通一声跳进水里不见了。

原文用 splash 模拟重物落在水中的声音,译文也保留了这一点。

One of the most picturesque and impressive parts of the bazaar is coppersmith's market. As you approach it,a tinkling and banging and clashing begins to impinge on your ears.
铜匠市场是集市上一个最别致最引人瞩目的场面,你一走近这里,叮当作响的金属碰撞声便传入耳鼓。

原文用 tinkling,banging,clashing 体现 bazaar 中的通江市场中一片繁忙、热闹的场面,译文仅用"叮当作响"一次就形象地再现了这一场景。

The father sat here sucking vigorously at a pipe,and the son sat there gnawing the biscuit. What a funny picture it was!
父亲坐在这边吧嗒吧嗒地抽着一个小烟袋,儿子坐在那边咔嚓咔嚓地啃着饼干。多滑稽的一幅画面呀!

原文用"What a funny picture it was!"一句结尾,而译文中补

---

① 黄成洲,刘丽芸.英汉翻译技巧[M].西安:西北工业大学出版社,2008:203.

充了"吧嗒吧嗒"、"咔嚓咔嚓"两组拟声词,恰当地描述了父子二人滑稽的场面。

第二节　习语文化翻译教学

一、英汉习语文化概述

(一)英汉习语的定义

凡是有着悠久历史的语言均会包含大量的习语(idioms)。可以说,习语就是在长时间的使用中提炼出来的短语或短句。语言是文化的载体,而习语则是语言的核心和精华,人们通过对习语的使用可以传达大量的文化信息。然而,在英汉语言中,"习语"一词的解释是否存在差异呢? 下面就对它们进行阐述。

著名的英文辞书和学者对 idiom 的解释如下。

《新牛津双解大辞典》将 idiom 等同于"成语",即"a group of words established by usage as having a meaning not deducible from those of the individual words"(整体意义不能从组成词的个体义推理出的定型词组)。

《牛津高阶》1997)将 idiom 译为"习语;成语;惯用语",即"phrase or sentence whose meaning is not clear from the meaning of its individual words and which must be learnt as a whole unit"(整体意义与组成词的个体意义没有明确关系的短语或句子,必须作为整体单位学习)。

世界著名语言学家克里斯特尔(Crystal)指出,"...a sequence of words which is semantically and often syntactically restricted, so that they function as a single unit. From a semantic viewpoint, the meanings of the individual words cannot be summed to produce the meaning of the 'idiomatic' expression as a whole."（意义上受限制和句法上常受限制、作为单个语言单位使用的词组；从意义角度来说，不能将个体词的意义累加以获得"习语的"整体意义。）

语言学家鲍林格和希尔斯（Bolinger & Sears,1981）提出，"...groups of words with set meanings that cannot be calculated by adding up the separate meanings of the parts"（无法通过将组成词的个体意义相加的方式推算出其固定意义的词组）。

总之，以上辞书和学者的解释均是习语定义的范畴。

在汉语中，人们将"成语"作为一个总括词，如方绳辉（1943）将成语归纳为 22 种，包括谚语、俗语、古语、惯语、常言、典故、格言、引申、比喻、转喻等。张志公认为，"成语有广狭二义"。从广义角度说，凡是习惯上常常作为一个整体说的语言单位都称作成语，具体包括：(1)各种固定格式（或固定词组），如"三三两两、三五成群、七上八下、得心应手"等；(2)谚语、格言、俚语等。从狭义角度说，只有(1)才称作成语。所以广义上的"成语"就相当于习语。然而目前的成语只用于其狭义，所以与习语不对等。另一个接近习语的词是"语"。温端政"语"是"由词和词组合成的、结构相对固定的、具有多种功能的叙述性语言单位"，包括歇后语、谚语、成语、惯用语等。但这不一定能被大家接受。真正与 idiom 对等的词应该是"熟语"。熟语最早出现在 20 世纪 50 年代下半叶，它是从俄语译借过来的术语。在随后的 30 年中，熟语的概念由模糊逐渐转变成了清晰。起初，有人将其看成是惯用语辖下的与成语、歇后语平等的下属单位；有人认为熟语包括语言中的成语、谚语、格言和警句、歇后语、俗语、惯用语六大类；还有人认为熟语有着更广的范围，如刘叔新认为熟语除了包含上述六类，还包括成句子的俚语、专门用语、专名语、准同定语。周荐认为熟语应该包括专门语和专门用语。新编《辞海》（1999）将"熟语"定义为"语言中固定的词组或句子，使用时不能随意改变其组成，且要以其整体理解语义，包括成语、谚语、格言、惯用语、歇后语等"。可见，英语中的习语就是汉语的熟语。①

（二）英汉习语的来源

1. 源于民间传说

很多英汉习语都源于民间传说。例如，swan song，据传天鹅（swan）在行将死亡前发出的声音最委婉动听。其声音能流露出对生的留恋，对死的忧伤，所以多用来喻指诗人、音乐家等的"辞世之作"、演员的"告别演出"以及某些人物的"最后露面"等。②

汉语中有不少源于民间传说的典故，如"女娲补天"、"精卫填海"、"八仙过海——各显神通"、"狗咬吕洞宾——不识好人心"、"班门弄斧"、"嫦娥奔月"等。

2. 源于文学著作

部分英汉习语源于历史典故或名人之言。例如，the lion's share（最大或最好的部分）源自《伊索寓言》：一头狮子和一头驴、一只狐狸一起去打猎，商量好将获得的猎物评分。最后它们捉到了一只大肥鹿，并让驴来分配。老实、憨厚的驴将鹿平均分成了三份，但这激怒了狮子，它感觉自己的威信、勇敢与尊严都受到了侮辱。于是，它怒吼着并朝驴扑过去，将其咬死。之后，狐狸不得不承担分鹿的任务。狡猾、精明的狐狸为了保全自己的性命，只咬了一小块肉，剩下的都给了狮子。③ 再如，one pound of flesh（割肉还债，残酷榨取），出自莎士比亚的《威尼斯商人》，其主要情节是夏洛克要残忍地从欠债人安东尼奥的胸前割下一磅肉来。

---

① 张维友.英汉语词汇对比研究［M］.上海：上海外语教育出版社，2010：220－221.

② 邵志洪.英汉对比翻译导论［M］.上海：华东理工大学出版社，2010：306.

③ 尹明.英语口语习语的文化内涵及其语用［M］.北京：高等教育出版社，2012：9.

汉语中也有不少习语出自文学著作,如"逼上梁山"、"刘姥姥进大观园"、"刮骨疗毒"、"身在曹营心在汉"、"大意失荆州"等。

3.源于历史事件

历史上的著名历史事件也是英汉习语的一个重要来源。例如,burn one's boats(破釜沉舟)用来比喻"下定决心干到底"。其源自古罗马朱力斯·恺撒大军乘船越过 Rubicon 后便把船烧了,以此向士兵表明后路已断,不可能后退。

汉语中源于历史事件的习语也有很多,如"鸿门宴"、"卧薪尝胆"等。

4.源于风尚、习俗

英汉习语的形成及发展与社会的发展密不可分,所以其社会的方方面面如政治、经济、生活方式均密切相关。例如,英语中 a feather in your cap(荣耀),源于印第安人的一种风俗:每杀死一个敌人就在头饰或帽子上加插一根羽毛,以此来显示战绩与荣誉。再如:

black sheep 败家子

above the salt 尊为贵宾,位于上席

a storm in a teacup 小题大做

every Jack has his Jill 有情人终成眷属

lead a dog's life 不幸的生活

give sb. the Axe 解雇(某人),开除(某人)

let sleeping dogs lie 别自找麻烦

let the cat out of the bag 泄露天机,暴露秘密

smell of the baby 乳臭未干

wash one's dirty linen in public 家丑外扬

The child is the father of man.

人看从小;从小看大。

　　风尚、习俗同样也是汉语习俗得以产生的一个因素。例如，"喧宾夺主"、"家和万事兴"、"女大当嫁"、"门当户对"、"清官难断家务事"等。

5.源于某些动物的特征

　　一些习语还与动物特征有密切联系，如 a bird of ill omen 用来比喻"不吉利的人，常带来不幸消息的人"，源自古代占卜的风俗。渡鸟的嗅觉十分灵敏，能够判定远方腐尸的位置。因此，渡鸟常常象征死亡。猫头鹰在恶劣天气来临之前喊叫，而坏天气常带来疾病，故猫头鹰被视作丧鸟，阴森之鸟。再如，与狼有关的习语也有很多：keep the wolf from the door（免于饥饿，勉强度日），to have a wolf in the stomach（形容一个人极度饥饿）等。

　　汉语中也有不少习语源于动物特征，如"虎狼之心"、"花脚猫"、"走狗"等。

6.源于行业用语

不同的行业催生了不同的习语，具体可以体现在如下几个方面。
源于农业的英语习语有：

Not to let the grass grow under one's feet.
防微杜渐。
As a man sows, so he shall reap.
种瓜得瓜，种豆得豆。
As cool as cucumber.
泰然自若。

源于农业的汉语习语有：

不耕不种
终身落卒
仰而求人

源于工业的英语习语有：

A square peg in a round hole.
文不对题；不得其所。
To hit the（right）nail on the head.
击中要害。

源于工业的汉语习语有：

班门弄斧
得寸进尺

源于饮食的英语习语有：

A little pot is easy hot.
壶小易热，量小易怒。

源于饮食的汉语习语有：①

酒香不怕巷子深
进锅的泥鳅——乱蹦

（三）英汉习语的分类

1.英语习语的分类

（1）动词性习语

动词性习语以动词为中心，并与其他词语搭配使用，通常在句中充当谓语。动词性习语在英语中占有很大的比例，通常由以下几种结构构成。

---

① 李建军.新编英汉翻译[M].上海：东华大学出版社，2004：127.

①动词＋介词。例如：

get at 理解,贿赂,着手处理
find for 做出有利于……的裁决

②动词＋副词。例如：

make out 理解,辨认出,说明,填写,设法应付
black out 封锁;中断,停止

③动词＋副词＋介词。例如：

fall back on 求助于,求其次,退到
cash in on 靠……赚钱,乘机利用

④动词＋名词。例如：

dodge the column 逃避承担自己一份的工作
face the music 勇于承担后果,勇敢地面对困难

⑤动词＋介词短语。例如：

breathe down one's neck 催逼某人干事;严密监视某人的行动
jump down one's throat 突然粗暴地回答或打断某人;使某人哑口无言

⑥动词＋名词＋介词短语。例如：

have a (good) head on one's shoulders 有见识或能力
burn the candle at both ends 过分地耗费精力

⑦动词＋名词＋介词。例如：

make a clean breast of 和盘托出

get wind of 风闻，听到……的风声

⑧动词＋形容词。例如：

sing low 不固执己见发表见解，措辞稳健
sit pretty 处于极为有利的条件，过舒服的生活，成功

（2）名词性习语
名词性习语以名词为中心，与其他词语搭配使用，这类成语由以下几种结构组成。
①名词＋名词。例如：

brain drain 智囊枯竭
a moot point 尚未定论的问题

②名词＋介词＋名词。例如：

a snake in the grass 潜伏的危险，潜伏的敌人
a fly in the ointment 美中不足之处，使人扫兴的小事

③名词＋and＋名词。例如：

rank and file 普通士兵们，普通成员们
the pros and cons 赞成者和反对者，正面和反面的理由

④名词/专有名词＋'s＋名词。例如：

Penelope's web 永远完不成的工作
the lion's share 最大或最好的份额

⑤形容词＋名词。例如：

white elephant 无用而累赘的东西
red herring 转移注意力的话或事物

（3）形容词性习语

①形容词＋and＋形容词。例如：

fair and square 正大光明的（也可作状语）
high and dry 孤立无援的（也可作状语）

②形容词/副词＋介词短语。例如：

up to the hammer 第一流的，极好的
up in the air 十分激动、气愤，悬而未决（也可作状语）

③as＋形容词＋as＋名词。例如：

as meek as a lamb 非常温顺的
as cool as a cucumber 泰然自若的，极为冷静的

④介词＋名词。例如：

behind the eight ball 处于不利地位，处于困境中
beyond the pale 失宠的，丢脸的（也可作状语）

（4）副词性习语

①介词＋名词。例如：

behind the scerles 在幕后
with flying colours 出色地，成功地

②名词＋and＋名词。例如：

hammer and tongs 全力以赴地
bag and baggage 完全地，彻底地

③介词＋名词＋and＋名词。例如：

through thick and thin 不顾艰难险阻，在任何情况下

between the devil and the deep blue sea 进退维谷

2.汉语习语的分类

汉语习语一般可以按照如下两个标准进行分类。

(1)按照音节数目分类。根据音节数目的多少,汉语习语可分为四音节习语和非四音节习语。四音节习语如"卓尔不群"、"助人为乐"、"冰清玉洁"、"卧薪尝胆"、"鹤发童颜"、"大同小异"等。非四音节习语又可细分为如下几种。

三字习语:开场白、忘年交

五字习语:温良恭俭让、功到自然成

六字习语:百思不得其解、反其道而行之

七字习语:放之四海而皆准、心有灵犀一点通

八字习语:知其不可为而为之

九字习语:不以规矩不能成方圆

十字习语:知其然而不知其所以然

三言对句:同甘苦,共患难;求大同,存小异

四言对句:四体不勤,五谷不分;生于忧患,死于安乐

五言对句:海内存知己,天涯若比邻

六言对句:即以其人之道,还治其人之身

七言对句:先天下之忧而忧,后天下之乐而乐

不规则对句:民不畏死,奈何以死惧之

(2)按照结构搭配关系分类。根据习语内部结构搭配关系的不同,习语可分为平行与修饰两大类。其中,平行关系包括并列、承接、目的、因果等,修饰关系包括主谓、动宾、偏正、述补等。例如:

并列:承上启下、大呼小叫

承接:水到渠成、瓜熟蒂落

目的:扬长避短、声东击西

因果：水滴石穿、有恃无恐

主谓：任重道远、苦尽甘来

动宾：移风易俗、厚古薄今

偏正：言外之意、难言之隐

述补：应运而生、拒之门外

二、英汉习语的翻译

（一）直译法

英汉习语中有一部分相同或近似的习语，它们的字面意义和形象意义相同或近似，隐含意义相同，在对它们进行翻译时可以采用直译法。例如：

hot line 热线

a bolt from the blue 晴天霹雳

golden age 黄金时代

a thorn in the flesh 眼中钉，肉中刺

round-table conference 圆桌会议

kill two birds with one stone 一石两鸟

Distance water cannot put out a near fire.

远水救不了近火。

Misfortunes never come singly.

福不双至，祸不单行。

纸老虎 paper tiger

无可救药 beyond cure

狐假虎威。

The fox borrows the tiger's terror.

（二）直译加注法

一些习语带有浓厚的民族色彩、地方色彩或具有典故性，译者在对它们进行翻译时，如果不想费脑筋再造或移植英文双关，可以采用先直译再加脚注的方式。但是，直译加注法将会影响阅读的流畅性，所以在翻译过程中应该慎用。例如：

All are not maidens that wear bare hair.

不戴帽子的未必都是少女。

注：西方风俗中成年妇女一般都带帽子，而少女则一般不戴。

该习语告诫人们看事物不能只看外表。

他是老九的弟弟——老十（实）。

He's the younger brother of number 9，number 10.

注："Number 10——老十（laoshi）" in Chinese is homophonic with another Chinese word "老实（laoshi）" which means honest.

该译文在直译的基础上，通过加注可以充分表达"老实"的含义，易于读者更好地理解原文的意义。

（三）意译法

受中西方文化差异的影响，一些习语若采用直译法翻译将无法保留源语的字面意义和形象意义，此时就可以考虑使用意译，将源语中的形象更换成另一个目的语读者所熟悉的形象，从而转达出原文的语用目的，译出隐含的意义。例如：

sour grapes 酸葡萄（效应）

a lion in the way 拦路虎

born with a silver spoon 生长在富贵之家

cost an arm and a leg 非常昂贵

face the music 勇敢地面对困难

like a fish out of water 很不自在

the heel of Achilles 致命的弱点

When in Rome，do as the Romans do.

入乡随俗。

Two heads are better than one.

一人不及两人智。三个臭皮匠，胜过诸葛亮。

耳旁风 go in one ear and go out the other

羊肠小道 narrow winding trail

风调雨顺 good weather for the crops

赔了夫人又折兵 suffer a double loss instead of making a gain

塞翁失马，焉知非福。

Misfortune may prove a blessing in disguise.

（四）直意结合法

直意结合法是指将原文中通过直译可以明确传达其意义的部分直译出来，而不便直译的部分则意译出来。直意结合法既可以准确传达原义，又符合译语的表达习惯，易于读者的理解。例如：

Caution is the parent of safety.

谨慎为安全之本。

A little pot is soon hot.

壶小易热，量小易怒。

Let George do it.

让别人去干吧。

守株待兔 to wait for windfalls

风餐露宿 brave the wind and dew

（五）套译法

套译法就是用目的语中的同义习语去套译源语中的习语，尽

管套译中的形象不同,但其喻义形似,使译文能与原文做到意义上的对等。例如:

No morning sun lasts a whole day.

人无千日好,花无百日红。

While there is life,there is hope.

留得青山在,不怕没柴烧。

Old friends and old wine are best.

姜还是老的辣,酒是陈的香。(陈旧味醇,老友情深。)

Give him an inch and he'll take an ell.

得寸进尺。

说曹操,曹操到。

Talk of the devil and he is sure to appear.

语言的表达应该确保听者或读者可以很容易地理解,但这并不意味着语言不需要做任何修饰、润色。事实上,有时要想准确、完整地传达出作者或说话者的话语意义,必须对语言做一些加工,使其更加生动、形象。

第六章　人名、地名、服饰、饮食和居住文化翻译教学

　　人名是社会上每一个独立的个体都具有的一个标志,是现实生活中与每个人相对应的特定指称。简单地说,人名就是人与人之间的区别性符号。同理,地名就是地域与地域之间的区别性符号。地名也是人类生活中随处可见的。此外,服饰、饮食和居住也与人类的生活息息相关。本章重点研究人名、地名、服饰、饮食和居住文化翻译教学。

第一节　人名文化翻译教学

一、英汉人名文化概述

　　人名在宇宙中的地位却是不可动摇的,它既表达着特定的历史,又展现着某种文化,既蕴含着某个故事,又可描绘成一幅画卷。可见,人名可以充分反映当时当地的经济发展状况、思想文化传统及人们的风尚习俗,内涵丰富,引人入胜。下面仅从两个角度对英汉人名文化的差异进行研究。

(一)英汉人名的结构不同

　　英汉人名文化的差异首先体现在结构上。英语人名的排序为:名在前,姓在后,如 William Shakespeare(威廉·莎士比亚)。英语国家的人名结构为:教名＋中间名＋姓,如 Thomas Alva Edison(托马斯·阿尔瓦·爱迪生)。但是多数情况下,英语的中间

名仅写起首字母或不写,如将 Eugene Albert Nida 写成 Eugene A. Nida 或 Eugene Nida。

汉语人名通常由四个部分构成:姓+名+字+号。姓用来区分一个人所属的氏族血统;名一般都寄托着父母等长辈对孩子的期望,反映着取名者的价值观念与取向;字则是对名的内涵的补充和延伸;号是对字的进一步解释,常用作自我激励。在现代社会中,汉语人名通常只包括两个部分:姓+名。汉语人名的排列顺序是:姓在前,名在后,如"赵奕奕、王鑫、孙小雅"等。这里的"姓"代表血缘、先祖、家庭、群体,可以说是一个"共名",而"名"则代表个体,是一个专名。① 从古至今,汉语中的姓都是从父辈传承下来的,孩子都随父姓。随着时代的发展和进步,人们越来越追求个性,讲求特立独行,于是有些孩子的姓氏也会跟随母亲,如母亲叫赵晓燕,女儿叫赵芳芳。

(二)英汉取名的方式不同

英汉取名的方式也有所不同。英语人名是教名和中间名的结合,其通常来源于如下方面。

(1)来源于《圣经》故事。由于基督教对整个西方文化产生了巨大影响,所以英语中的很多人名都来自基督教的《圣经》。例如,Daniel(丹尼尔),John(约翰),Samuel(塞缪尔),Abram(亚伯兰),Obadiah(奥巴代亚)等。

(2)来源于古希腊、罗马的神话。例如,Helen(海伦),Irene(艾琳),Diana(戴安娜),Jupiter(朱庇特)等。

(3)来源于自然界中的万事万物。例如,Shirley(雪利),Linda(琳达),Olive(奥利弗),Peter(彼得),Calf(卡芙),Dahlia(戴莉娅),Rose(罗斯)等。

(4)来源于知识、权威、声誉等。例如,Alfred(艾尔弗雷德),

---

① 张丽美.英汉人名文化比较及翻译[J].长春教育学院学报,2009,(6):42.

Asher(阿舍),Vivian(维维安),Agnes(阿格尼丝)等。

（5）来源于历史人物。例如，Harold(哈罗德),Richard(理查德),Edward(爱德华),Arthur(阿瑟),Lincoln(林肯),Byron(拜伦),Jackson(杰克逊),Monroe(梦露)等。

（6）来源于亲朋好友的姓名。在英美国家，还有很多人的名字来自父母亲朋的名字。例如，达尔文(Charles Robert Darwin)的名字就取自其父亲(Robert Darwin)和伯父(Charles Darwin)。这种依据父辈和亲朋命名的方式，使很多人与其父辈、祖辈的名字重复。例如，威廉·皮特(William Pitt)父子同名，马丁·路德·金(Martin Luther King)父子同名。为了区分这种父子同名的现象，英国人习惯在父亲姓名后面加上 the Elder，儿子姓名后面加 the Younger。例如，George Colman the Elder（父亲）和 George Colman the Younger(儿子)。然而，美国人对于重名现象的区分方法是：在父亲姓名后加 Senior(略作 Sr.)，儿子姓名后面加 Junior(略作 Jr.)，如 James Earl Carter,Jr.（小卡特）和 James Earl Carter,Sr.（老卡特）。

虽然英语国家人名的来源非常广泛，但人们真正喜爱和使用的也不过几十个。据统计，20 世纪 80 年代英语国家人名中使用频率较高的前十个男性名字分别为 John,James,Charles,Henry,David,William,Robert,Andrew,Richard,George；使用频率较高的前十位女性人名分别是：Mary,Jane,Louise,Anna,Elizabeth,Helen,Sarah,Margaret,Lucy,Dorothy。[①] 正因为如此，英语国家人名经常有重复的情况发生。

由于文化背景和生活环境的不同，中国人的名字一般来源于如下几个方面。[②]

（1）来源于某人的生辰八字。有些人名是根据其出生的时刻

---

① 成昭伟,周丽红.英语语言文化导论[M].北京:国防工业出版社,2011:63.

② 卢红梅.华夏文化与汉英翻译[M].武汉:武汉大学出版社,2006:88－89.

命名的,如"子初"、"庚生"等;有些人名则是按照生辰八字与五行(金、木、水、火、土)命名的,如果命中缺水,就在其名字中加上"江、河、湖、海、川、泉"等字;如果命中缺木,就在名字中加上"木"字。

(2)来源于某人出生的时间、天气状况。例如,"春生"、"冬生"、"冬梅"或"雪英"、"小雨"等。

(3)来源于某人在家中的排行顺序。例如,"赵二"、"李四"等。

(4)来源于某人父母的名字。如果孩子的父亲姓张、母亲姓林,女儿就叫陈琳。

(5)来源于某人出生的地点。例如,"李沪生"、"赵珈音"等。

(6)来自重大事件、纪念某个事件或某个人名。例如,"解放"、"建国"、"学迪"等。

(7)来源于动植物。例如,"鹏"、"雁"、"燕"、"龙"、"凤"、"虎";"梅"、"花"、"松"、"荷"、"莲"等。

(8)来源于贵重金属。例如,"金莲"、"银莲"、"铁柱"等。

(9)借用外国人的人名。哲学家艾思奇,原名李生萱,后借用马克思的"思"和伊里奇·李宁中的"奇"而取名为"艾思奇",其谐音为"爱思奇"。

二、英汉人名的翻译

(一)英译汉的方法

将英语人名翻译成汉语一般可以采用两种方法:音译法和形译法。

1.音译法

在将英语人名译成汉语时,首先应该考虑其发音,译成相应的汉语,遵循"名从主人"的原则。运用音译法翻译人名时,应该注意下面几个问题。

（1）发音标准

所译人名的音不仅要符合人名所在国语言的发音标准，还要符合汉语普通话的标准发音，以使不同的翻译工作者在对人名进行翻译时可以做到"殊途同归"。

（2）**按性别翻译**

同汉语人名一样，英语人名也有性别差异。在使用音译法翻译英语人名时，译者需要选择可以进行性别显现的汉字。例如，将 Emily 译为"艾米丽"，将 Edward 译为"爱德华"。

（3）**尽量简短**

音译名还应尽量简短，以便于记忆。译者在翻译过程中，可将英语中一些不明显的发音省略掉。例如，将 Rowland 译为"罗兰"，而不是"罗兰德"；将 Engels 译为"恩格斯"，而不是"恩格尔斯"。

（4）**避免出现生僻字和易引起联想的字**

翻译人名时还必须采用译音所规定的汉字，避免使用生僻的字和容易让人引起联想的字。例如，将 Kennedy 译为"肯尼迪"，而不能译成"啃泥地"。

2.形译法

有一些译著或媒体还经常使用形译法翻译人名。由于中西方文化融合的速度越来越快，人们身边不断出现了很多新的人名，这些人名没有约定俗成之名可以遵循，也无法采用音译法进行翻译，此时就可以运用形译翻译法。例如，计算机语言 Pascal 语言，Pascal 这一人名在计算机书本中就直接形译，而没有采用其音译名"帕斯卡"。

（二）汉译英的方法

1.人名的翻译方法

（1）音译法。例如：

Scarlett O'hara was not beautiful, but men seldom realized it when caught by her charm as the Tarleton twins were…

Seated with Stuart and Brent Tarleton in the cool shade of the porch of Tara, her father's plantation, that bright April afternoon of 1861 she made a pretty picture.

(Margaret Mitchell: *Gone with the Wind*)

思嘉·奥哈拉长得并不漂亮,但是男人们一旦像塔尔顿家那对孪生兄弟为她的魅力所迷住时,便看不到这一点。……

1861 年 4 月一个晴朗的下午,思嘉同塔尔顿家的孪生兄弟斯图尔特和布伦特坐在她父亲的塔拉农场阴凉的走廊里,她标志的模样儿使四周的一派春光显得更加明媚如画了。

(戴侃、李野光 译)

贾瑞忙喝:"茗烟不得撒野!"金荣气黄了脸,说:"反了! 奴才小子都敢如此,我只和你主子说。"

(曹雪芹《红楼梦》)

"How dare you, Mingyan!" bellowed Jia Rui. Livid with anger Jinrong bawled, "The rebel! How dare a slave run wild like this? I'll have a word with your master."

宝玉记着袭人,便回至房中,见袭人朦朦睡去。 自己要睡,天气尚早。彼时晴雯、绮霞、秋纹、碧痕都寻热闹,找鸳鸯琥珀等耍戏去了,独见麝月一个人在外间房里灯下抹骨牌。

(曹雪芹《红楼梦》)

Baoyu, still worried about Xiren, went back to find her dozing. It was still early for him to go to bed, but Qingwen, Yixia and Bihen had gone off to have some fun with Yuanyang and Hupo, leaving only Sheyue playing solitaire by the lamp in the outer room.

(杨宪益、戴乃迭 译)

不管人事怎么变迁,尹雪艳永远是尹雪艳。

(白先勇《台北人》)

But however the affairs of men fluctuated, Yin Hsuen-yen

remained forever Yin Hsueh-yen, the "Snow Beauty" of Shanghai fame.

（白先勇、叶佩霞 译）

（2）音译加注法。例如：

班门弄斧

This is like showing off one's proficiency with the axe before Lu Ban the master carpenter.

该例中的"鲁班"译成了 Lu Ban the master carpenter，如果不这么翻译西方读者是很难理解的。

原来这女孩正是程郑的女儿。此女原也有两个哥哥，一个姐姐，可惜都未久于人世。为了保住这条小命，程郑给她取了"顺娘"这么个名字，希望她顺顺当当长大成人。

（徐飞《凤求凰》）

Shunniang was his only surviving child, he had lost two boys and a girl born before Shunniang. It was his fervent wish that she, at least, would survive to grow adulthood.

（Paul White 译）

这隐士痴想，忽见隔壁葫芦庙内寄居的一个穷儒，姓贾名化、表字时飞、别号雨村者，走了出来。

（曹雪芹《红楼梦》）

His rueful reflections were cut short by the arrival of a poor scholar who lived next door in Gourd Temple. His name was Jia Hua, his courtesy name Shifei, and his pen-name Yucun.

（杨宪益、戴乃迭 译）

（3）释义法。例如：

这人原先胆子小，干啥也是脚踏两只船，斗争韩老六，畏首畏

169

尾,不敢往前探。

(周立波《暴风骤雨》)

This man Liu had formerly been a coward, a fence-sitter. In the fight against the landlord Han Number Six, he had not dared to venture out.

(Hsumengh-siung 译)

布帘起处,走出那妇人来。原来那妇人是七月七日生的,因此小字唤做巧云,先嫁了戈吏员,是薪州人,唤做王押司,两年前身故了。方才晚嫁得杨雄,未及一年夫妻。

(施耐庵、罗贯中《水浒传》)

The door curtain was raised and a young woman emerged. She had been born on the seventh day of the seventh month, and she was called Clever Cloud. Formerly she had been married to a petty official in Qizhou：Prefecture named Wang. After two years, he died, and she married Yang Xiong. They had been husband and wife for less than a year.

(Sidney Shapiro 译)

2. 字的翻译方法

在汉译英的过程中,译者可以将汉语人名中的"字"翻译成英语人名中的"爵号"。例如:

生而首上圩顶,故因名曰丘云。字仲尼,姓孔氏。

(司马迁《史记》)

There was a noticeable convolution on his head at his birth, and that was why he was called Ch'iu (meaning a "hill"). His literary name was Chungni, and his surname was K'ung. ("Confucius" means "K'ung the Master")

(林语堂 译)

这人乃是智多星吴用,表字学究,道号加亮先生,祖贯本乡人氏。

（施耐庵《水浒传》）

This was Wu Yong the Wizard. He was also known as the Pedant. His Taoist appellation was Master Increasing Light. Since the earliest times his family had resided in this neighborhood.

（Sidney Shapiro 译）

3. 号的翻译方法

对于汉语人名中的"号"，译者可以将其译为 literary-name 或 pen-name，号的内容应根据实际情况采用音译法或意译法处理。例如：

这士隐正痴想，忽见隔壁葫芦庙内哥居的一个穷儒，姓贾名化、表字时飞、别号雨村者，走了出来。

（曹雪芹《红楼梦》）

His rueful reflections were cut short by the arrival of a poor scholar who lived next door in Gourd Temple. His name was Jia Hua, his courtesy name Shifei, and his pen-name Yucun.

（杨宪益、戴乃迭 译）

第二节　地名文化翻译教学

一、英汉地名文化概述

地名即一个地方的名称，名字则由一个或几个字构成，用于代表一种事物，区别于别种事物。*Webster's Ninth New Collegi-*

· 171 ·

ate Dictionary(《新韦伯斯特大学词典》)将 toponymy(地名)解释为:"The place—names of a region or language or esp. the etymological study of them."《中国大百科全书》指出,"地名是人们在相互交流中为了识别周围的环境对于地表特定位置上的地方所赋予的名称。"可见,地名就是一种代表地理实体的符号。这里所说的"地理实体"主要包括地方、地点、地物(如地上建筑物、园林等)、地域、水域等。

地名通常可以分为纯地名和准地名。所谓纯地名,是指自然地理试题名称,如江河湖海,行政区划分、道路街道名。所谓准地名,是指车站、机场和文化设施等具有地名意义的名称或地名(金惠康,2004)。

虽然地名属于地理学研究的范畴,但其也是社会公共信息之一,与一个国家的历史、语言、文化均有一定联系。下面就对英汉地名文化进行简单比较。

(一)英语地名的来源

(1)来源于普通名词。有些表示地方的专有名词多来源于普通名词。这是因为有些地方在所属类型的地形中十分突出,因而被直接冠以该地形的名字,成为专有名词。例如,来自河的地名有:Elbe(易北),Niger(尼日尔),Douro(杜罗)等;来自山的地名有:Alps(阿尔卑斯),Balkan(巴尔干),Pyrenees(比利牛斯)等;来自平原的地名有:Syria(叙利亚),Seville(塞维利亚)等;来自湖泊的地名有:Chad(乍得);来自港口的地名有:Bordeaux(波尔多),Portsmouth(朴茨茅斯)等。

(2)来源于方位和位置。英语地名还来经常来自于方位和位置。例如,Yugoslavia(南斯拉夫)中"南"表方向,"斯拉夫"是东欧的一个语系,二者合起来就构成了"南方讲斯拉夫语的国家"的意思。

(3)来源于宗教。英语地名还源于宗教,多以 San,Santa 或 ST 开头,如 San Ardo(圣阿杜),San Diego(圣地亚哥),San Francisco(旧金山)，Santa Anna(圣安娜)，Westminster Abbey(威斯敏斯特大教堂)等。此外，美国以"上帝"冠名的地名就有一千多处，以 Bethlehem(圣城，耶稣诞生地)命名的地名多达 800 多处。

(4)来源于动物。例如，Azores Islands(亚速尔群岛，因海鹰众多而得名)，Kangaroo Island(坎加鲁岛，因岛上袋鼠成群而得名)等。

(5)来源于姓氏、名字。在西方国家，地名来自姓氏、名字的现象也很普遍。例如，Magellan Strait(麦哲伦海峡)来源于葡萄牙探险家费尔南多·麦哲伦(Fernando Magellan)；America(美洲大陆)来源于意大利航海家亚美利戈·韦斯普奇(Amerigo Vespucci)等。

(6)来源于矿藏和物产。例如，美国的 Utah(犹他州)首府 Salt Lake City(盐湖城)因其附近的 Salt Lake(大盐湖)而得名。

(7)来源于形状和特征。例如，Netherlands(荷兰)等。

(8)来源于美好愿望。例如，Pacific Ocean(太平洋)的字面意思是"温和的、和平的、平静的海洋"，体现了人们对和平的向往和美好愿望。

(9)来源于移民故乡。美国是一个典型的移民国家，来自世界各地的人们都在这里留下了自己的足迹，这一点从美国的地名就可以看出。例如，New York(纽约)，New England(新英格兰)，New Jersey(新泽西)，New Mexico(新墨西哥)，New Orleans(新奥尔良)，New Plymouth(新普利茅斯)等。

(二)汉语地名的来源

汉语地名的来源也是非常广泛，具体体现在如下几个方面。

(1)来源于地理环境。中国的很多地名都来自地理环境。例如，"黄河"、"黄海"均来源于这些地区水中含有大量的黄沙；"齐齐哈尔"是因该城市拥有天然的牧场而得名；海南岛的"五指山"是因其山的形状像五指而得名等。

(2)来源于方位和位置。在中国，以东、南、西、北方向为依据而形成的地名有："山东"、"山西"、"河南"、"河北"、"湖南"、"湖北"、"广东"、"广西";以阴阳位置为依据(对山而言,南为阳,北为阴;对水而言则正好相反)而得出的地名有:"洛阳"(位于洛水以北)、"衡阳"(位于衡山之南)、"江阴"(位于长江以南)等。

(3)来源于宗教。中国自古就以信奉佛教为主,另外还会宣扬一些道教、伊斯兰教、基督教、天主教以及民间宗教等。与这些宗教共同出现的一些古迹的名称也都成了今天文化的古迹。这些古迹的名称均有各自的通名,如"庙"、"寺"、"观"、"阁"、"宫"、"塔"等。

来源于佛教的历史文化古迹有:"白马寺"(在洛阳)、"少林寺"(在嵩山)、"五台山"(在山西省)、"九华山"(在安徽省)、"峨眉山"(在四川省)、"普陀山"(在浙江省)、"敦煌莫高窟"(在甘肃省)、"龙门石窟"(在河南省)、"云冈石窟"(在山西大同)等。

来源于道教的历史文化古迹有:"永乐宫"(山西芮城内)、"白云观"(北京西便门外)、"楼观台"(陕西西安西南 76 公里的秦岭北麓)、"九宫山"(湖北、江西交界的幕阜山东段)、"武当山"(湖北均县南)、"青城山"(四川省灌县西南)等。

来源于伊斯兰教的历史文化古迹有:北京宣武区牛街"礼拜寺"、北京东四"清真寺"、陕西西安"化觉寺"、江苏扬州"仙鹤"寺、上海大桃园"清真寺"、南京"净觉寺"、福建泉州"圣友寺"等。

(4)来源于动物、植物的地名。我国还有不少地名来源于动物和植物。例如,来源于动物的地名有:"奔牛镇"、"鸡公山"、"凤凰山"、"瘦狗岭"、"马鬃山"、"黄鹤楼"等;来源于植物的地名有:"樟树湾"、"桂林"等。

(5)来源于姓氏、名字。在生活中,我们还能发现有不少地名中带有姓氏,如"石家庄"、"李家湾"、"王家屯"等。也有一部分地名是以人名命名的,如"中山市"(来源于革命先行者孙中山)、"肖家村"、"左权县"(来源于革命先烈左权)、"靖宇县"(来源于革命先烈杨靖宇)等。

(6)来源于矿藏和物产。例如,"铁山"、"盐城"、"钨金县"、

"铁岭"、"大冶"、"无锡"、"铜陵"、"铜鲁山"等。

（7）来源于美好愿望。例如，"万寿山"、"万福河"、"富裕县"、"永昌县"、"安康市"、"吉安市"等。

（8）来源于社会用语。例如，"怀仁山"、"秀才村"等。

（9）来源于移民故乡。在中国的清朝时期，国家为了充实京城的实力，将大批山西人迁至北京。于是北京的很多地名都源于自山的西县名。例如，北京大兴凤河两岸有："霍州营"、"长子营"、"南蒲州营"、"北蒲州营"、"屯留营"、"河津营"等地名；顺义西北有："夏县营"、"河津营"、"忻州营"、"东降州营"、"红铜营"、"西降州营"等地名。

二、英汉地名的翻译

地名翻译非常重要，其关系到一个国家的领土主权。译者在翻译地名时可以采用如下翻译技巧。

（一）英译汉的方法

1. 音译法

将英语地名翻译成汉语时，应以音译为主，力求做到准确规范。地名的音译可以参照《英汉译音表》《外国地名译名手册》等。另外，在翻译时要注意避免使用生僻词和容易产生联想的词，且不要体现褒贬意义。例如，以前将 Kenya 译为"怯尼亚"，后来被改译为"肯尼亚"。

对英语地名中的专有名词进行翻译时，译者可以采用音译的方法。例如：

City Island 锡蒂岛

Fall City 福尔城

Ball 鲍尔

Tendal 滕达尔

Bellflower 贝尔费劳尔

Branch 布兰奇

Covada 科瓦达

2. 直译法

直译法可以反映地名的语言文化内涵。可以采用直译法进行翻译的地名有：英语地名中的通名部分；数字或日期命名的地名；表示方向、大小等修饰地名的专名的形容词等。例如：

Sixtymile River 六十英里河

Thousand Islands 千岛群岛

East Chicago 东芝加哥

King George County 乔治王县

Three Lakes 三湖村

Hot Spring County 温泉县

Little Salt Lake 小盐湖

New Baltimore 新巴尔的摩

Long Island City 长岛城

Big Canyon River 大峡谷河

Great Smoky Mountains 大雾山

Great Sandy Deserts 大沙沙漠

但是，修饰地名通名部分的形容词要进行音译。例如：

Little River 里特尔河

New Lake 纽湖

Great Bay 格雷特湾

3. 习惯译法

以人名、宗教名、民族名命名的英语地名通常采用其习惯译名。例如：

Cambridge 剑桥
Bombay 孟买
Brazil 巴西
Burma 缅甸
San Luis Canal 圣路易斯运河
Indiana(State) 印第安纳(州)
John F. Kennedy Space Center 约翰·肯尼迪航天中心
Bangladesh 孟加拉
White Harbor 怀特港
Philadelphia 费城
Oxford 牛津

（二）汉译英的方法

将汉语地名翻译成英语时一般用汉语拼音即可，当然，有时也可根据情况采用其他翻译方法。

1. 音意结合

汉语地名的专名部分可以用汉语拼音翻译，而通名部分则需要意译。例如：

琼州海峡 Qiongzhou Straits
六盘水市 Liupanshui City
四川盆地 Sichuan Basin
青海湖 Qinghai Lake
上海市 Shanghai Municipality
江苏省 Jiangsu Province
洪洞县 Hongtong County

2.音译＋重复意译

当汉语地名中的专名为单音节词(不含 n,ng 以外的辅音结尾的单音节)时,通名被看作是专名的一个组成部分,与专名一起音译,再重复意译通名。例如:

天池 Tianchi Lake
长江 the Changjiang River
太湖 Tai Lake
礼县 Lixian county
黄山 Huangshan Mountain

3.意译法

有些汉语地名蕴含着丰富的文化内涵,有的可以体现出该地名的地域特征意义,有的则表达了人们对地域的美好期待等。在翻译这种汉语地名时,除了音译法外,还可采用意译法,以译出地名所蕴含的文化内涵,从而达到语言交际的功能。例如:

黄河 Yellow River
妙峰山 Fantasy Peak
南海 South China Sea
乌衣巷 Black-Robe Lane
万寿寺 the Longevity Temple
朱雀桥 Red Sparrow Bridge
白云观 White Cloud Monastery
娘娘庙 the Temple of the Goddess of Fertility

4.增译法

有时在翻译汉语地名时,可以增译地名雅称,作为地名的同位语,可以前置,也可以括注。例如:

中国铁城——鞍山市 Anshan City—the steel centre of china

山城重庆 a mountain city，Chongqing

日光城——拉萨市 the Sun City，Lhasa

古城西安 Ancient City—Xi'an

需要注意的是，中国有些地名相同，但表示的是不同的地点。翻译时要按照约定俗成的原则，不能随意更改，严格按照中国地名词典标注的读音和书写形式进行翻译。例如，将位于黑龙江双城县的单城镇译为 Dancheng Town，而将位于山东单县的单城城译为 Shancheng Town。在"陕西省"和"山西省"中，因为"陕"和"山"的汉语拼音都是 shan，为了便于区分，将"陕西省"译为 Shuanxi Province，而"山西省"译为 Shanxi Province。

5.沿用传统的译名

中国地域辽阔，民族众多，民族语言的使用也很复杂。汉语中的很多地名都是源于少数民族语言的，有的地名已经有了传统的译名，且普遍为外国人所接受，对于这类地名，译者应使用其传统的译名。例如，"香港"译为 Hong Kong；"澳门"译为 Macau；"西藏"译为 Tibet；"乌鲁木齐"译为 Urumchi；"呼和浩特"译为 Hohhot；"吐鲁番"译为 Turpan 等。

还有一些地名是以少数民族语言命名的，且有一些没有传统译名的地名，此时使用汉语拼音音译，还是使用该少数民族语言音译？这还是一个存在争论的问题。笔者认为，从文化信息传递的角度出发，如果该少数民族语言有拼音文字，则用该拼音文字进行音译。因为用汉语拼音则失去了该地名所蕴含的文化意义。例如，拉域（今广西百色市右江区境内）壮文音译为 Raiqvaeg（raiq 河滩，vaeg 弯曲）；平定（今广西田林县境内）壮文音译为 Bienghdin，译为"形似脚板的地坪"。如果该少数民族语言没有相应的拼音文字，则用汉语拼音音译出来。

6.考虑到政治因素

在翻译英语地名时,译者应该具备一定的政治意识,坚持爱国主义的思想,以避免损害国家利益、避免国际冲突。例如:

和平统一不是大陆把台湾吃掉,当然也不是台湾把大陆吃掉。

Peaceful unification does not mean that the mainland is to eat off Taiwan, still less that Taiwan will eat off the mainland.

(*Beijing Review*)

贾文波认为,之所以不如此,"非不能也,是不为也"。当时台湾问题极其敏感,措辞稍有不慎便会导致麻烦。故译文基本按原文句式译出,虽略显松散,汉语痕迹明显,但保留了原文语气,不会篡改说话人的意义,也不会让听众产生歧义或误解。①

此外,一些外国人士经常会有意无意地将台湾说成 Republic of China,当遇到这种情况时,译者应该将其译为"中国台湾",而不是直译为"中华民国"。汉语原文中有"台湾"时,不管原文有无特别说明,译文都要注意采纳 Taiwan, China; Chinese Taipei; Taiwan Province of China。在与其他专有名词列举之后或数个地理名称并列时,译文要注意表述完整。例如,"日本、港台"应当译为"Japan, Hong Kong, Taiwan and other countries and regions/territories"。即使原文中没有"国家和地区"或"和地区"字样,也应使用这种变通的办法。②

---

① 贾文波.应用翻译功能论[M].北京:中国对外翻译出版公司,2004:67.

② 卞正东.翻译中的政治意识与失误分析[J].疯狂英语,2008,(2):121.

第三节 服饰文化翻译教学

一、英汉服饰文化概述

服装既能反映出一个人的文化修养、审美情趣,又可以表现出一个人对自己、对他人、对生活的态度。同时,服装也是一个民族在物质文明、精神面貌和文化素养等方面的综合体现。下面就简单概述中西方服饰文化上的不同。

西方服饰文化从总体上看经历了"由宽到窄"的发展过程。这种发展与变化和西方民族历史变动与演变紧密相连。

西方古代推崇"宽衣文化",这种宽衣的形式主要盛行于以地中海为中心的地区,如希腊、罗马等地。可以说,穿衣文化是西方古典文化的重要反映,同时也是西方文化的重要组成部分。西洋古典服装的外形强调横向感觉,常采用横向扩张的肩部轮廓、膨胀的袖型、庞大的裙撑、重叠的花边等,使服装线条产生夸张和向外放射的效果。西方服饰的这种特点可以很好地体现西方人的个性特征。西方人个性热情、开放,在体型上也比较高大,因此能够很好地驾驭这种服饰,因而衍生出了自己的服饰文化。

到了 20 世纪,基于西方殖民扩张的需要,西方服饰文化开始进入"窄衣文化"的阶段。西方人非常看重人体形态,所以在设计服装的过程中,会重点考虑人体的美感。具体来说,西方人看重的是服装造型结构的组合之美,所以人们穿的服装通常都是造型丰富,且不断更新的。应该说,西式服装的造型特征是随着人体的运动姿态和穿着者的举止行动而不断变化的,所以奥格尔称服装是"走动的建筑",正是这样,西式服装的造型所追求的是在动的变化中产生的整体造型效果。因此,西方服饰的造型都能体现出一种人体美,同时还能达到修饰人体的特殊作用。

随着世界各国各民族文化的交流和融合,东方的直线剪裁的服饰风格对西方产生了一定的影响,"非构筑式的追求"出现在了西方的服饰文化中。到了现代,西方服饰风格开始走向国际化。由于西方的服饰着眼于衣服设计的科学性和合理性,并能充分彰显个性,所以深受世界各地人们的喜爱。

所谓"衣食住行",由"衣"排在首位可以看出中国人对服饰的重视。服饰不仅彰显着一个人的身份和地位,同时也反映着社会的发展和变化。

中国的服饰文化也经历了漫长的历史。中国自古就是一个纺织大国,所以其衍生出的中国服饰文化也极其丰富。在古代,中国服饰不但品种繁多,而且还能体现出不同的阶级和等级身份,成为体现封建社会礼仪的重要形式之一。

中国最早的纺织是从麻织开始的,之后发展到丝织,到了南宋时期,棉织逐渐流行起来。华夏民族的服饰为上衣下裳,这种形式大约出现在 5 000 年前,且在商周时期得到了固定。春秋战国时期,深衣式袍服开始盛行。南北朝时期,女性的服装开始从汉代连载一起的深衣制变为了上衣下裙的穿着。唐朝时期由于女性观念的开放,其穿着较为大胆,出现了"宽袖大袍、交领掩胸"的样式。自清朝入关后,中国服饰开始出现了大的变革。女士基本沿袭明代旧制,男士的衣服出现了很大的变化。清朝男子服装为开衩长袍,下着长裤,衣袖窄小,袖口装有箭袖,又称"马蹄袖",人们通常还在长袍外套一件长不过腰、袖仅掩肘的马褂。①

二、英汉服饰的翻译

(一)西方服饰的翻译

多数情况下,对英语服饰的汉译都采用直译法。下面通过一

---

① 卢红梅.华夏文化与汉英翻译(第二部)[M].武汉:武汉大学出版社,2008:198.

些词汇的翻译进行说明。

（1）衣服类。例如：

three-piece suit 三件套

trousseau 嫁妆

dress 女服

layette 婴儿的全套服装

suit 男外衣

uniform 制服

overalls 工装裤

rompers 连背心的背带裤

formal dress 礼服

tailored suit 女式西服

everyday clothes 便服

dress coat,tails 燕尾服,礼服

full dress uniform 礼服制服

frock coat 双排扣长礼服

nightshirt 男式晚礼服

tailcoat,morning coat 大礼服

evening dress 夜礼服

gown,robe 礼袍

tunic 长袍

polo shirt 球衣

middy blouse 水手衫

polyester 伸缩尼龙

dot 圆点花

stripe 条纹

sweater 运动衫

acryl 压克力

nylon 尼龙

tartan plaid 格子花

synthetic fabric 混合纤维

worsted 呢料

cashmere 羊毛

patterns 花样

dinner jacket 无尾礼服

(2)鞋类。例如：

shoe 鞋

sole 鞋底

heel 鞋后跟

lace 鞋带

sandal 凉鞋

clog 木拖鞋

boot 靴子

slippers 便鞋

canvas shoes,rope soled shoes 帆布鞋

moccasin 鹿皮鞋

patent leather shoes 黑漆皮鞋

(3)帽子类。例如：

cap 便帽

beret 贝雷帽

top hat 高顶丝质礼帽

hat 带沿的帽子

peaked cap,cap with a visor 尖顶帽

broad-brimmed straw hat 宽边草帽

bowler hat 圆顶硬礼帽

Panama hat 巴拿马草帽

（4）裤子类。例如：

bell-bottom trousers 喇叭裤

down pants 羽绒裤

tailored shorts 西短裤

padded pants 棉裤

Chinese style slack 中式裤

riding breeches 马裤

culottes 裙裤

Overall 背带裤

jeans 牛仔裤

jumpsuit 连衣裤

knickerbockers 灯笼裤

mini shorts 超短裤

rain-proof pants 雨裤

underpants 内裤

（二）中国服饰的翻译

对于中国服饰的英译，这里主要研究中国古典名著《红楼梦》中出现的服饰的翻译。大体来说，中国服饰翻译可以采用如下三种方法。

（1）直译法。例如：

因此心下闷闷的，早起来也不梳洗，只坐着出神。一时下了窗子，隔着纱屉子，向外看的真切，只见好几个丫头在那里扫地，**都擦胭抹粉，簪花插柳的**，独不见昨儿那一个。

（曹雪芹《红楼梦》）

So he got up moodily and sat there brooding, not even troubling to comb his hair or wash. Presently the shutters were taken down and through the gauze window he had clear view of the maids sweeping the courtyard. **All of them were powdered and**

rouged with flowers or willow shoots in their hair, but he saw no sign of Xiaohong.

（杨宪益、戴乃迭 译）

原来是一个十七八岁的极标致的一个小姑娘，**梳着溜油光的头穿着大红袄儿，白绫裙子**。

（曹雪芹《红楼梦》）

A slip of girl of seventeen or eighteen, pretty as a picture, **with hair as glossy as oil, wearing a red tunic and a white silk skirt.**

（杨宪益、戴乃迭 译）

原文中与译文中加粗的部分为服饰的翻译，杨宪益、戴乃迭对其翻译时采用了直译的手法，从而既保留了中国文化的韵味，又便于外国读者对其的理解。

（2）意译法。例如：

刘姥姥见平儿**遍身绫罗，插金带银**，花容月貌，便当是凤姐儿了。

（曹雪芹《红楼梦》）

Pinger's **silk dress, her gold and silver trinkets**, and her face which was pretty as a flower made Granny Liu mistake her for her mistress.

（杨宪益、戴乃迭 译）

本例中加粗的部分均为服饰。在对其进行翻译时，译者采用了意译的手法。意译的手法便于读者对其的了解，如果进行直译会影响读者了解的程度。这种手法在中西方翻译时经常使用。

（3）改译法。例如：

贾母道："倒是做衣裳不好看。"凤姐忙把自己身上穿的**一件大红棉纱袄子襟儿**拉了出来，问贾母薛姨妈道："看我的这袄儿。"

（曹雪芹《红楼梦》）

"Clothes of this don't look well," said the Lady Dowager.

Xifeng promptly showed them **the lapel of the red gauze tunic** she was wearing, saying, "Look at this tunic of mine."

（杨宪益、戴乃迭 译）

琥珀拉着他（刘姥姥）说道："姥姥，你上来走，仔细苍苔滑了。"刘姥姥道："不相干的，我们走熟了的，姑娘们只管走罢。可惜你们的**绣花鞋**。别沾脏了。"

（曹雪芹《红楼梦》）

"Come up here, granny," urged Hupo taking her arm. "That moss is slippery."

"That's all right, I'm used to it," said the old woman. "Just go ahead, young ladies. Take care not to get your **embroidered slippers** dirty."

（杨宪益、戴乃迭 译）

当译文中有些词汇直接翻译不能很好地被读者所理解时，可以采用改译的方法。通过适当的改译，译入语读者可以更好地理解和掌握原文。

第四节　饮食文化翻译教学

一、英汉饮食文化概述

（一）英汉饮食观念的不同

一个民族的传统饮食，可以反映一个民族的历史文化特点。中西方饮食文化的差异首先体现在饮食观念和偏好上。下面就对中西方不同的饮食观念和偏好进行简单的介绍。

西方是典型的理性饮食观念，讲究一天人体要摄取的热量、维生素、蛋白质等。不论食物的色、香、味、形如何，营养必须得到保证，即便口味千篇一律，也一定要吃下去，因为有营养。这一饮食观念与西方整个哲学体系是相适应的。西方宴会上,可以讲究餐具,讲究用料,讲究服务,讲究菜品原料的形、色方面的搭配。但不管怎么豪华高档,从洛杉矶到纽约,牛排只有一种味道。菜肴中的鸡就是鸡,牛排就是牛排,纵然有搭配,那也只是在盘中简单的搭配和摆放。西方菜肴在色彩上有着鲜明的对比,但在滋味上却各种原料互不相干,保持各自味道,简单明了。

中国是一种典型的美性饮食观念。中国人的饮食追求一种难以言传的"意境",即用"色、香、味、形、器"将这种"境界"具体化。中国饮食之所以有其独特的魅力,其关键在于味道。而美味的产生,又主要源自调和,使食物的本味,加热以后的熟味,加上配料和辅料的味以及调料的调和之味,交织融合协调在一起,使之互相补充,互相渗透,水乳交融,你中有我,我中有你。中国烹饪讲究的调和之美,是中国烹饪艺术的精要之处。中国饮食的美性追求显然压倒了理性,这种饮食观与中国传统的哲学思想也是吻合的。作为东方哲学代表的中国哲学,其显著特点是宏观、直观、模糊及不可捉摸。中国菜的制作方法是调和,最终是要调和出一种美好的滋味。这一讲究的就是分寸,就是整体的配合。它包含了中国哲学丰富的辩证法思想,一切以菜的味的美好、谐调为度,度以内的千变万化就决定了中国菜的丰富和富于变化,决定了中国菜菜系的特点乃至每位厨师的特点。

(二)英汉饮食偏好的不同

分与合的区别:西方人在烹饪菜肴时,很少将多种荤素原料放在一起烹调,鱼就是鱼,鸡就是鸡;而中国人做菜时,喜欢将多种荤素原料、佐料放在一起烹调(如杂烩、火锅等),讲究"五味调和"。这就是分与合的差别。

营养与美味的区别:西方人对食物营养的追求超越了色、香、味、形,他们注重食物的营养成分,如在烹饪过程中保持营养成分不被损坏,烹饪要注重科学、卫生;而中国人更看重菜肴的色、香、味、形,特别是滋味。中国"五味调和"的烹调术旨在追求美味,其加工过程中的热油炸和文火煮,都会在不同程度上破坏菜肴的营养成分。

规范与随意的区别:由于西方人特别看重烹饪的科学和营养价值,所以在烹调的整个过程都会按科学的规范行事。例如,牛排的味道在一个国家的东西南北毫无二致,牛排的配料也是有限的几种。再者,规范化、机械化的烹调要求调料的添加量精确到克,烹调的时间精确到秒;而中国人对食品的加工则更加随意,八大菜系均有自己的风味与特色,就是同一菜系的同一个菜,其所用的配菜与各种调料的匹配,会因厨师个人的风格而所不同。就是同一个厨师做同一道菜,虽有一己之成法,也会因时、因地、因人而不同。

(三)英汉烹调方式的不同

就烹调方式而言,西餐的烹调方式没有中国那么丰富。这是因为西方主要注重的是食物的营养价值,其对于食物的烹调也多以保持营养为第一准则。西餐的烹调方式比较单一,主要为烤、炸和煎。西餐中不同的食物大多都可以使用这些烹调方法进行烹制。西方人在事物的烹制过程中讲究营养的均衡,所以各种食材常常混合在一起进行制作,如将面食与肉类、蔬菜,甚至水果混在一起。可见,西方的烹制方法虽然最大程度地保持了食材的营养成分,但是菜品的美观度有时并不那么高,同时还缺少了一定的艺术氛围。但是有一点值得一提的是,西方不少国家的中小学校都有营养师,他们会对学生的膳食进行评估和调理,以保证青少年的营养充足、平衡。

相比之下,中国的烹调方式可谓技术高超、品种丰富。具体体现在如下几个方面。

(1)中国文明开化较早,烹调技术较为发达,对食材的冷与热、生与熟以及同种食材的不同产地都讲究颇多。此外,在烹制的过程中,对火候、时间等要素都有严格的控制。

(2)中国对食材的加工方法也已经非常成熟。中国的刀工包括切片、切丝、切丁、切柳、切碎、去皮、去骨、去壳、刮鳞、削、雕等各种技法。中国的烹调方法就更多了。例如,炖、煨、焖、煲、炒、爆、炸、煎、烧、煮、烤、烘、白灼、蒸等。

(3)中国各地的菜肴就地取材,因地制宜,根据风味的不同可分为京菜、川菜、鲁菜、粤菜、湘菜、徽菜、苏菜、闽菜八大菜系。厨师常常根据季节的变化,变换调料的种类或数量,烹制出口味有别的菜肴。例如,四川、重庆地区气候湿热,菜肴常以麻辣为特点,这样既能刺激胃口,又能发散人体内的湿热,有益于健康。

(4)同一种食材可以通过不同的加工方式制作出变化无穷的菜肴。据史书记载,南北朝时期梁武帝萧衍的厨师可以把一个瓜变出十种式样,将一个菜做出几十种味道,烹调技术的高超令人惊叹。山西面食以白面为基本原料,却能变幻出刀削面、包皮面、猫耳朵、拉面、剔尖、剥面、切面、饸饹、揪片等几十种花样,充分体现出中国人丰富的想象力。

(四)英汉菜肴名称的不同

西方菜肴的命名方式十分简单,通常包括以下两种方式。

(1)原料加烹调方式,如炸薯条、烤牛排等。

(2)地名加原料,如墨西哥鸡肉卷、意大利面条、意大利比萨饼等。

这样的菜名对于中国人而言,似乎少了一些文化的"味道",但却符合西方人的"口味",适应了西方社会快节奏的工作和生活方式,简化了用餐的过程,提高效率。

中国菜名种类繁多、多姿多彩。有的写实,有的浪漫,有的蕴涵丰富的历史韵味,有的充满民俗情趣。中国菜名已远远超出了一种食品名字的范畴,成了一种令人赏心悦目的艺术品。具体来说,中国菜肴的命名方式有写实法、写意法、写实加写意法、典故法。

(1)菜肴的命名的首要任务是让食客了解菜肴的原料与制作方法,因此写实法是汉语菜肴命名的基本方法。例如,煎咸鱼、烤乳猪、炸春卷、蒸螃蟹、脆皮锅酥肉等都采用了写实的命名方法,写实法可以使食客在看到菜名使对该菜品有一个基本的了解,可以帮助食客根据自己的口味来选择合适的美味。

(2)写意的命名方法是指将菜肴原料的色香味的特点、烹调方式的特点、造型特点融合在一起,并以迎合食客心理为目的,为菜品取一个吉祥如意、悦耳动听的名字。以写意法来命名的菜名不体现原料与烹调方法,如满园春色、全家福等。

(3)写实加写意法。这类菜名既能体现原料与烹调方法(写实),又能展示菜品在色香味形方面的特点(写意),如五柳石斑鱼、生蒸鸳鸯鸡、芙蓉鸡片、翡翠虾仁、三鲜汤等。

(4)典故法。有些菜肴是由某个人首创或与某个历史人物有密切联系,于是便以这个人的名字来为菜肴命名,如叫花鸡、宫保鸡丁、炒罗汉斋等。有的菜肴名称与其生产地有关,如北京烤鸭、西湖醋鱼、成都仔鸡等。还有些菜肴与某个历史故事或传说有关,如大救驾等。

二、英汉饮食的翻译

(一)西方饮食的翻译

前面已经提到,西方属于一种理性的饮食观念,西方人在摄取食物时,多数情况下都是从营养角度出发的。西方人注重使用新鲜的原料,也注重烹饪过程中对营养成分和味道的保留,蔬菜也基本上都是生吃。例如,沙拉的制作方式多是由蔬菜、水果等与沙拉酱混合而成的。所以,当看到一盘沙拉摆在我们面前时,我们总能对其原料一目了然。因此,对于西方菜肴的翻译,通常都采用直截了当的方式,即直译法。例如:

sunshine salad 胡萝卜
fruit salad 水果沙拉
tomato juice 番茄汁
pineapple juice 菠萝汁

sweet yoghurt 草莓酸奶

chicken 鸡肉

vegetable 蔬菜

wheat noodle 荞麦面

stuffed eggplant 酿茄子

pork trotters 德式咸猪手

preserved meat with celery 西芹腊肉

smoked ham 熏火腿

Swiss beef steak 瑞士牛排

roasted veal 烤乳牛

chicken in soya sauce 油鸡

chicken Tandoori 印度烤鸡

stewed tofu Malaysian style 马来豆腐

grain broocoli 白汁焗西兰花

(二)中国饮食的翻译

1.烹调方式的翻译

中国的烹调方式十分纷繁复杂,因此在进行翻译的过程中需要对此进行掌握。例如:

蒸 steaming

熏 smoking

煎 pan-frying

烧 braising

白灼 scalding

煮 boiling

炸 deep-frying

爆 quick-frying

炒 stir-frying

炖、煨、焖、煲 simmering/stewing

烤、烘 baking/broiling/grilling/roasting/basting

2.菜肴名称的翻译

对于汉语菜名的翻译,通常也可以采用直译法。具体来说,译者可以根据菜肴的主料、辅料、烹饪方式、菜肴的形状以及口感进行翻译。有一些含有特定文化内涵或历史意义的菜名采用意译法来进行翻译。

当遇到一些带有产地和创始人信息的菜名时,译者可以采用音译法进行翻译。当然,对于菜名的翻译要尽量使接受者能通过菜名对菜肴有个基本的了解。

(1)直译法。直译法的使用分以下四种情况。

①烹调法+主料。例如:

炒腰片 fried sliced pig's kidney

涮羊肉 instant boiled mutton

香熏鱼 smoked spicy fish

烧鹅 roast goose

炒鸡丝 stir-fried chicken

炸春卷 deep-fried egg rolls

白切鸡 steamed chicken

炒蟹肉 fried crab meat

白灼螺片 fried sliced whelk

炒豌豆苗 fried pea shoots

炸桂鱼 fried mandarin fish

盐烙信封鸡 salt baked Xinfeng chicken

清蒸鲈鱼腩 steamed perch-flank

西方菜肴一般采用的都是直译翻译法。例如:

shrimp toast 鲜虾吐司

vegetable curry 什菜咖喱

vanilla pudding 香草布丁

rabbit pie 兔肉饼

potato salad 土豆沙拉

ham sandwich 火腿三明治

②烹调法＋主料名＋with/in＋配料。例如：

糖醋排骨 spareribs with sweet and sour sauce

蚝汁鲍鱼片 fried abalone slices with oyster oil

草菇蒸鸡 steamed chicken with mushrooms

干烧明虾 fried prawns with pepper sauce

杏仁炒虾仁 fried shrimps with almonds

蚝油鱼唇 braised fish lip with oyster oil

红烧鲤鱼头 stewed carp head with brown sauce

红烧牛尾 stewed ox tail with brown sauce

茄汁鱼球 fried fish balls with tomato sauce

酿豆腐 beancurd stuffed with minced pork

咸水虾 boiled shrimps with salt

笋菇鸡丁 fried chicken cubes with bamboo and mushrooms

冬笋炒鱿鱼 fried squid with fresh bamboo shoots

咖喱牛肉 fried beef with curry

砂锅栗子鸡 stewed chicken with chestnuts in earthen pot

荷叶粉蒸鸡 steamed chicken in lotus leaf packets

炖栗子鸡 stewed chicken with chestnuts

冬菇菜心 fried winter mushrooms with green cabbage

腐乳汁烧肉 stewed pork with preserved bean curd

笋尖焖肉 simmered meat with bamboo shoots

素什锦豆腐 braised bean curd with mixed vegetables

蒜头烧黄鳝 stewed finless eel with garlic

滑蛋牛肉 flied beef with scrambled eggs

糖醋松子桂鱼 fried mandarin fish with pinenuts and with sweet and sour sauce

③烹调法＋加工法＋主料名＋with/in＋调料名。例如：

炒鳝丝 fried shredded finless eel
红烧狮子头 stewed minced pod balls with brown sauce
蚝油鸡球 chicken balls with oyster sauce
鱼丸烧海参 stewed sea cucumbers with fish balls
洋葱牛肉丝 med shredded beef with onion
雪菜炒冬笋 fried cabbage with fresh bamboo shoots
肉片烧豆腐 stewed sliced pork with beancurd
青椒牛肉丝 stir-fired shredded beef with green pepper

(2)意译法。意译法也是翻译中国菜名的常见方法。例如：

蚂蚁上树 bean vermicelli with spicy meat sauce
雪积银钟 stewed mushrooms stuffed with white fungus
全家福 stewed assorted meats
龙凤会 stewed snake and chicken
游龙戏凤 stir-fried prawns and chicken

(3)直译＋意译法。例如：

炒双冬 fried sauté mushrooms and bamboo shoots
生蒸鸳鸯鸡 steamed frogs
五柳石斑鱼 steamed tench with assorted garnished
红烩虎皮鸽蛋 boiled and fried pigeon eggs, stewed with brown sauce

(4)音译法。中国菜名也可以采用音译法。例如：

饺子 JiaoZi

炒面 Chow Mein

锅贴 Kuo Tieh

馄饨 WonTon

3. 刀工的翻译

中国人讲究做菜的"刀工",甚至将其作为评价厨师好坏与级别的标准。在将汉语刀工翻译成英语时,一般可以采用直译法。例如:

浸、泡 marinating

腌 pickling/salting

去皮 skinning/peeling

切丁 dicing

酿 tufting

去骨 boning

刮鳞 scaling

剁末 mashing

切碎 mincing

刻、雕 caving

切丝 shredding

切柳 filleting

切片 slicing

去壳 shelling

切、削 cutting

三、英汉酒的翻译

(一)西方酒的翻译

对于西方酒的翻译,不仅关乎其在我国的影响和销量,还在一定程度上影响着外国酒类在中国的印象甚至外国文化在中国的传播。

在翻译西方酒时,译者既要考虑其是否符合中国人民的审美和文化价值观,又要保留西方酒的特性,从而更利于中国读者的理解和接受。例如:

champagne 香槟

Bacardi 百加得

上面两种西方酒的翻译结合了中国人的文化价值观,其中香槟酒的翻译和其特性挂钩,突出了酒的味道清香并带有甜味,所以这种翻译十分贴合女性消费者的青睐;百加得的翻译洋味十足,而且又带出了拼音文字的语言特点,又在一定程度上符合中国人对吉祥文字的追求,这点在"百"字的翻译上可以体现。总之,对西方酒的翻译可以以音译为主,以意译为辅。

（1）酒名属于专有名词类,所以在翻译时主要采用音译法。例如:①

Sherry 雪利酒

Whisky 威士忌

Long John 龙津

Martini 马丁尼

Daiquiri 得其利

Gin sling 金司令

100 Pipers 百笛人

Remy X. O. 人头马 XO

Old Parr Deluxe 老伯威

Gin 金酒

Brandy Alexander 白兰地亚利山大

---

① 白靖宇.文化与翻译(修订版)[M].北京:中国社会科学出版社,2010:224.

（2）当然，有部分无法用音译法翻译的酒，可以考虑使用意译法。例如：

Bell's 金铃
Snow Ball 雪球
White Horse 白马
Crown Royal 皇冠
Four Roses 四玫瑰
Pink Lady 粉红女郎
Seven Crown 七皇冠
Great Wall Jade 碧玉长城
Mandarin Napoleon 橘子拿破仑

（二）中国酒的翻译

（1）直译法。例如：

当下摆上来，果然是清清疏疏的几个盘子。买的是永宁坊上好的橘酒，斟上酒来。

（吴敬梓《儒林外史》）

Sure enough, a few simple dished only were served, while their cups were filled with the best orange wine from Eternal Quiet Store.

（杨宪益、戴乃迭 译）

且说宝玉一径来至园中，众婆子见他回房，便不跟去，只坐在园门里茶房里烤火，和管茶的女儿偷空饮酒斗牌。

（曹雪芹《红楼梦》）

Meanwhile Baoyu had gone straight back to the Garden. And seeing that he was going to his own quarters, the nurses did not follow him but sat down by the stove in the Garden gatehouse to drink and gamble with the women in charge of making tea there.

（2）意译法。例如：

夏总甲坐在上席，先吩咐和尚道："和尚，把我的驴牵在后园槽上，卸了鞍子，拿些草喂的饱饱的。我议完了事，还要到县门口黄老爹家吃年酒去哩。"

（吴敬梓《儒林外史》）

Sitting there in the seat of honor, he shouted: "Monk! Take my donkey to the manager in the back yard, unsaddle it and give it plenty of hay. After my business here I have to go to a feast with Bailiff Huang of the county yamen."

（杨宪益、戴乃迭 译）

老妇人道："我认得这葫芦。他但凡要吃人的脑子，就拿这葫芦打我店里药酒。老师父，你这一打了酒去，没有活的命了！"

（吴敬梓《儒林外史》）

"I know this gourd. Whenever he means to eat someone's brains, he sends to my shop for wine. Once you take this wine back, father, you're as good as dead!"

（杨宪益、戴乃迭 译）

（3）音译法。在对中国酒名翻译时，可以结合其命名方式，如根据产出地命名和根据原料命名，一般采用音译的方法。例如：

汾酒（山西）Fenjiu（wine）
董酒（贵州）Dongjiu（wine）
茅台酒（贵州）Maotai（wine）
宝丰酒（河南）Baofeng（wine）
青岛啤酒（山东）Qingdao beer
剑南春（四川）Jiannanchun（wine）
双沟大曲（江苏）Shuanggou（wine）
泸州老窖（四川）Luzhoulaojiao（wine）
烟台红葡萄酒（山东）Yantai red grape wine

第五节 居住文化翻译教学

一、英汉居住文化概述

基于中西方不同的民族性格、地理环境、历史文化等因素,英汉居住文化也存在较大差异,如建筑理念差异、建筑布局差异、建筑材料与结构差异、装饰色彩差异、美感效应差异等。下面就对它们做简单分析。

(1)英汉建筑理念差异。西方民居体现的是以神灵为崇拜对象的宗教神灵精神或一种弃绝尘寰的宗教观念,具有冷硬、敦实、突兀、玄妙的特征,可称为"神本主义建筑"。而中国民居表现的是人世的生活气息,重视功能性,具有温和、实用、平缓、轻捷的特征,可谓之为"人本主义建筑"。

(2)英汉建筑布局差异。西方建筑不注重整体效果而较多地注重单体的建筑艺术效果。具体来说,西方建筑讲究立体效果和突兀高耸,常常在空间上垂直扩展,体现出外向、开放、活泼的特点,城市布局多为放射状,追求外在的进取和自由性。相反,中国建筑不太注重单个建筑的高大,反而强调群体的宏伟。因此,中国建筑常常是由一个个的单位建筑组合而成一个大的建筑群,讲究中轴对称,追求纵深效果,体现出内向、封闭、严谨的特点,城市布局多为矩形或方形,追求内在的含蓄和私密性。

(3)英汉建筑材料与结构差异。西方传统建筑材料主要是石质制品,采用围柱式、券柱式结构,墙柱承重,形态厚重。西方古建筑多兴建大跨度的拱门、穹隆以容纳上万会众,要有精密的力学知识。而中国传统建筑主要是土木制品,采用框架式结构,榫卯安装,梁架承重,外观富有曲线美。另外,砖木结构适应小家小户的个体生活,凭借经验和巧思即可成功。

(4)英汉装饰色彩差异。西方建筑以白、灰、米黄为主色调,朴素淡雅，但内部装饰色彩鲜丽，追求一种光怪陆离、迷乱、朦胧的宗教氛围。中国建筑以红、黄、绿、蓝为主色调，色彩鲜艳夺目，而台基多为汉白玉，所以具有强烈对比的性格特征。

（5）英汉美感效应差异。西方建筑雄浑厚重，飞扬跋扈，块、面体积感强，旨在扩大主客体心理距离，使人产生"崇敬"、"仰慕"的感觉。而中国建筑温柔敦厚，气韵生动，曲线美突出，旨在缩小主客体的认同距离，会给人以"亲近"的感觉。

二、英汉居住的翻译

对于英汉居住的翻译方法，这里主要针对红楼梦中出现的一些建筑来展开论述。

（1）意译法。由于绝大多数中国建筑都难以使用直译的方法来翻译，所以只能用意译法来处理。例如：

王夫人忙携黛玉从后房门由后廊往西，出了角门，是一条南北宽夹道。南边是倒座三间小小的抱厦厅，北边立着一个粉油大影壁，后有一半大门，小小一所房室。

（曹雪芹《红楼梦》）

Lady Wang at once led her niece out of the back door, going west along a corridor and through a side gate to a broad road running from north to south. On the south side was a dainty three-roomed annex facing north; on the north a big screen wall painted white, behind which was a small door leading to an apartment.

（杨宪益、戴乃迭　译）

（2）释义法。当一些建筑词汇和短语既无法直译，也难以意译时，为了保留其中的中国文化，译者可以采用释义法。例如：

说毕，往前一望，见白石崚嶒，或如鬼怪，或如猛兽，纵横拱立，上面苔藓成斑，藤萝掩映，其中微露羊肠小径。贾政道："我们就从此小径游去,回来由那一边出去,方可遍览。"

(曹雪芹《红楼梦》)

On the miniature mountain they saw rugged white rocks resembling monsters and beasts, some recumbent, some rampant, dappled with moss or hung about with creepers, a narrow zigzag path just discernible between them.

"We will follow this path," decided Jia Zheng. "Coming back we can find our way out at the other side. That should take us over the whole grounds."

(杨宪益、戴乃迭 译)

人类自出生之日起,就决定了其将长期居住在某一环境,会被赋予某个名称,之后还会穿着自己的服装、有自己的饮食习惯等。学习一些中西方人名、地名、服饰、饮食和居住的文化差异,可以使我们在与异族的朋友交际过程中,更容易接受他们的穿着风格,也易于更好地进行跨文化交际活动,特别是翻译活动。

参考文献

[1]白靖宇.文化与翻译(修订版)[M].北京:中国社会科学出版社,2010.

[2]卞正东.翻译中的政治意识与失误分析[J].疯狂英语,2008,(2).

[3]陈俊森,樊葳葳,钟华.跨文化交际与外语教育[M].武汉:华中科技大学出版社,2006.

[4]陈坤林,何强.中西文化比较[M].北京:国防工业出版社,2012.

[5]成昭伟,周丽红.英语语言文化导论[M].北京:国防工业出版社,2011.

[6]顾雪梁,李同良.应用英语翻译[M].杭州:浙江大学出版社,2009.

[7]黄成洲,刘丽芸.英汉翻译技巧[M].西安:西北工业大学出版社,2008.

[8]何少庆.英语教学策略理论与实践运用[M].杭州:浙江大学出版社,2010.

[9]何江波.英汉翻译理论与实践教程[M].长沙:湖南大学出版社,2010.

[10]郝丽萍,李红丽,白树勤.实用英汉翻译理论与实践[M].北京:机械工业出版社,2006.

[11]何远秀.英汉常用修辞格对比研究[M].成都:西南交通大学出版社,2011.

[12]蒋童,钟厚涛.英语修辞与翻译[M].北京:首都师范大学出版社,2008.

[13]贾文波.应用翻译功能论[M].北京:中国对外翻译出版公司,2004.

[14]教育部高等教育司.大学英语课程教学要求[M].北京:外语教学与研究出版社,2007.

[15]李丹.英语委婉语的使用与翻译探析[J].延边党校学报,2014,(3).

[16]卢红梅.华夏文化与汉英翻译[M].武汉:武汉大学出版社,2006.

[17]卢红梅.华夏文化与汉英翻译(第二部)[M].武汉:武汉大学出版社,2008.

[18]李建军.新编英汉翻译[M].上海:东华大学出版社,2004.

[19]李建军.文化翻译论[M].上海:复旦大学出版社,2010.

[20]兰萍.英汉文化互译教程[M].北京:中国人民大学出版社,2010.

[21]吕煦.实用英语修辞[M].北京:清华大学出版社,2004.

[22]罗新璋,陈应年.翻译论集[M].北京:商务印书馆,2009.

[23]冒国安.实用英汉对比教程[M].重庆:重庆大学出版社,2004.

[24]马会娟.汉英文化比较与翻译[M].北京:中国对外翻译出版有限公司,2014.

[25]平洪,张国扬.英语习语与英美文化[M].北京:外语教学与研究出版社,1999.

[26]宿荣江.文化与翻译[M].北京:中国社会出版社,2009.

[27]宋莹.如何解决大学英语翻译教学中的文化差异问题[J].外语教学与研究,2009,(17).

[28]邵志洪.英汉对比翻译导论[M].上海:华东理工大学出版社,2010.

[29]王恩科,李昕,奉霞.文化视角与翻译实践[M].北京:国防工业出版社,2007.

[30]武锐.翻译理论探索[M].南京:东南大学出版社,2010.

[31]吴为善,严慧仙.跨文化交际概论[M].北京:商务印书馆,2008.

[32]闫传海,张梅娟.英汉词汇文化对比研究[M].西安:西安交通大学出版社,2008.

[33]尹明.英语口语习语的文化内涵及其语用[M].北京:高等教育出版社,2012.

[34]杨贤玉.英汉翻译概论[M].武汉:中国地质大学出版社,2010.

[35]杨元刚.英汉词语文化寓意对比研究[M].武汉:武汉大学出版社,2008

[36]张春柏.英汉汉英翻译教程[M].北京:高等教育出版社,2003.

[37]张丽美.英汉人名文化比较及翻译[J].长春教育学院学报,2009,(6).

[38]张培基.英汉翻译教程[M].上海:上海外语教育出版社,2009.

[39]张全.全球化语境下的跨文化翻译研究[M].昆明:云南大学出版社,2010.

[40]张维友.英汉语词汇对比研究[M].上海:上海外语教育出版社,2010.

[41]张镇华.英语习语的文化内涵及其语用研究[M].北京:外语教学与研究出版社,2007.

[42]Bonvillain,N. *Language,Culture and Communication: the Meaning of Messages*. New Jersey:Prentice Hall,Inc,Eaglewood Cliffs,1993.

[43]Eugene A. Nida. *Toward a Science of Translating*[M]. The Netherlands:E. J. Bill,1964.

[44]Eugene A. Nida. *Language,Culture and Translation*[M]. Shanghai:Shanghai Froeign Language Education Press,1993.

[45]Widdowson, H. G. *Practical Stylistic*[M]. Shanghai:

Shanghai Foreign Language Education Press,1999.

[46] Halliday, M. A. K. and Hasan R. *Cohesion in English* [M]. London and New York:Longman,1976.

[47]Mona Baker. *In Other Words：A Coursebook on Translation* [M]. Beijing：Foreign Language Teaching and Research Press,2002.

[48]Newmark,P. *Approaches to Translation* [M]. Shanghai:Shanghai Foreign Language Education Press,2001.

[49]Newmark,P. *A Textbook of Translation* [M]. Shanghai:Shanghai Foreign Language Education Press,2002.

[50]Tour ,G. *Descriptive Translation Studies and Beyond* [M]. Shanghai：Shanghai Foreign Language Education Press,2001.